大川隆法
Ryuho Okawa

もし空海が民主党政権を見たら何というか

菅さんに四国巡礼を禁ずる法

まえがき

本書の標題《ひょうだい》に答えるとするなら、「お遍路《へんろ》して、菅さんには狸《たぬき》がついている」ということになろうか。

とにもかくにも、嘘、言いのがれ、ごまかしの多い人だ。

弘法大師《こうぼうだいし》の名まで使って、伝統仏教の信者たちまで利用して、マスコミに煙幕《えんまく》を張ろうとしている。

根本思想として「日本を没落させて二流国に堕《お》とすこと」を使命としている人を、いつまでもトップにはしておけないのだ。

諸行《しょぎょう》は無常《むじょう》である。指導者には出処進退《しゅっしょしんたい》の決断が大切である。

二〇一一年　六月二十八日

幸福《こうふく》の科学《かがく》グループ創始者兼総裁《そうししゃけんそうさい》
幸福実現党創立者兼党名誉総裁《こうふくじつげんとうそうりつしゃけんとうめいよそうさい》

大川隆法《おおかわりゅうほう》

もし空海が民主党政権を見たら何というか　目次

Chapter2

「宗教立国」を実現し、中国の野望に備えよ

Chapter3

「宗教パワー」と「この世的能力」の両立を

「霊言現象《れいげん》」とは、あの世の霊存在の言葉を語り下ろす現象のことである。これは高度な悟りを開いた者に特有のものであり、「霊媒現象《れいばい》」（トランス状態になって意識を失い、霊が一方的にしゃべる現象）とは異なる。また、外国人霊の霊言の場合には、霊言現象を行う者の言語中枢《ちゅうすう》から、必要な言葉を選び出し、日本語で語ることも可能である。

もし空海が民主党政権を見たら何というか

――菅さんに四国巡礼を禁ずる法――

二〇一一年六月二十二日　空海の霊示

空海（七七四～八三五）

讃岐国《さぬきのくに》（香川県《かがわけん》）に生まれ、平安時代初期に活躍《かつやく》した真言《しんごん》宗《しゅう》の開祖。諡号《しごう》は弘法大師《こうぼうだいし》。留学僧《そう》として唐《とう》に渡《わた》り、恵果《けいか》和尚《おしょう》から密教の法灯を受け継《つ》ぐ。帰国後、高野山《こうやさん》に金剛峯《こんごうぶ》寺《じ》を建立して真言宗を開くとともに、庶民《しょみん》教育施設《しせつ》である綜芸種智院《しゅげいしゅちいん》を開設したり、満濃池《まんのういけ》の改修を行ったりした。

質問者

立木秀学《ついきしゅうがく》（幸福実現党党首）

黒川白雲《はくうん》（同政調会長）

佐藤直史《なおふみ》（同出版局長）

［役職は収録時点のもの］

プロローグ

大川隆法　少し変わった題ですが、ちょうど先日（六月十九日）、私は徳島に巡錫《じゅんしゃく》し、説法《せっぽう》（『聖なるもの』を大切にする心」）をしてきたところです。

幸福の科学にとって、私の生誕の地である四国は、「聖地《せいち》」と称《しょう》して力を入れている場所ですけれども、お一人、この四国を上手に使っている方がおられます。

その方は、以前、年金未納問題で騒《さわ》がれたときに、「巡礼姿で四国を歩くことで、禊《みそぎ》を済ませることができた」という〝ご利益《りやく》〟があったため、巡礼が病《や》みつきになっておられるようです。

彼は、最近も、自分が首相を辞任することをほのめかしたときに、「また巡礼に行かなければいけない」というようなことを言いながら、まだ粘《ねば》り腰《ごし》で頑張《がんば》っています。

政治家が宗教を外向きに使う場合は、パフォーマンスであることがほとんどですが、聖地である四国が、そういう政治家の禊や免罪符《めんざいふ》に使われることは、当会としてはあまり気分がよくありません。

観光として歩くだけなら誰《だれ》でも歩けます。ただ、それが、禊祓《はら》い風にマスコミの目を欺《あざむ》くためのパフォーマンスでなく、万が一《いっ》、その菅《かん》さんとやらが空海への信仰心《しんこうしん》を本当に持っているというのであれば、やはり、空海の見解を伺《うかが》う必要があるだろうと思います。この論点は、宗教政党としても、当然、押《お》さえておきたいところです。

もし、国民の目を欺くために宗教を使っているのであるならば、「聖なるもの」を穢《けが》しているという感じもしないわけではありませんが、このへんは、天上界《てんじょうかい》からは、きちんと見えているだろうと思います。

今、首相のほうは政権の延命に入っており、国会の延長を図《はか》ろうとしていますし（本霊言《れいげん》収録当日の夕方、七十日間の国会会期延長が衆議院で可決された）、自民党も攻《せ》めあぐねている状況《じょうきょう》です。

また、今、民主党が出してきている政策を見ると、幸福実現党の批判論点を取り込《こ》むことで、逆に批判を潰《つぶ》しにかかろうとしているようにも見えます。

そうやって批判を封《ふう》じると同時に、粘り腰で粘っているうちに、震災《しんさい》の復興がしだいに進んでくることを狙《ねら》っている感じがします。マスコミの報道で、被災地《ひさいち》がだんだんよくなっていく姿が見えてくるようになると、国民が、「前に比べれば、だいぶよくなった」と思うようになり、支持率が回復するのではないかということを、おそらく考えているのだろうと思います。

要するに、「『涼《すず》しくなってから巡礼したい』などと言って延ばしていけば、まだ粘れる可能性がある」と思っているのでしょう。

そのように、空海が隠《かく》れ蓑《みの》に使われているようなので、この世だけの政治的争いにせず、純粋《じゅんすい》に宗教政党の強みを生かして、空海本人の見解を訊《き》いてみたいと思います。

空海は、平安時代の当時、政治についてもいろいろと影響力《えいきょうりょく》を持っていたので、そちらの方面にも適性のある方だと推定します。今回は、幸福実現党幹部の質問に答えてもらうことによって、彼が、今の政治のいろいろな問題についてどのように考えているかを調べてみようと思います。

私としては、いちおう白紙の心で臨《のぞ》みたいと思います。何を言うかは空海の自由です。空海は、「いや、菅さんこそは、この世を真言宗《しんごんしゅう》の世界に変えるために私が送り込んだエリート中のエリートです」と言うかもしれません。もし、そうであれば、考え方を見直さなければいけませんね。

それでは、一度、白紙の気持ちで訊いてみたいと考えます。

Chapter1

大きな戦略を持って「破邪顕正《はじゃけんしょう》」をなせ

1　菅直人《かんなおと》氏に信仰心《しんこうしん》はあるのか

弘法大師《こうぼうだいし》空海を招霊《しょうれい》する

大川隆法　では、招霊《しょうれい》に入ります。

（瞑目《めいもく》し、大きく息を吐《は》き、胸の前で両手を交差させる）

弘法大師《こうぼうだいし》空海、弘法大師空海、幸福の科学総合本部に降りたまいて、われらにご指導くださることを、お願い申し上げます。

弘法大師空海、弘法大師空海、幸福の科学総合本部に降りたまいて、われらにご指導くださることを、お願い申し上げます。

弘法大師空海、弘法大師空海。

（約二十五秒間の沈黙《ちんもく》）

空海　空海です。

立木　弘法大師空海様、おはようございます。
本日は、幸福の科学総合本部にご降臨くださり、本当にありがとうございます。

空海　うーん。

立木　私は、幸福実現党党首の立木《ついき》秀学《しゅうがく》です。

空海　うーん、うーん。立木、立木……。

立木　はい。横に並んでいるのが、党役員の黒川白雲《はくうん》と佐藤直史《なおふみ》でございます。ご指導のほど、よろしくお願い申し上げます。

空海　うんうん。で？　五パーセントぐらいの〝信仰心《しんこうしん》〟はある

立木　本日のテーマは、菅直人《かんなおと》首相でございます。

空海　うーん。

立木　菅首相は、六月初旬《しょじゅん》に退陣《たいじん》を表明し、その際に、「私にはまだ、お遍路《へんろ》を続けるという、お大師さんに対する約束も残っている」という言葉を述べたにもかかわらず、いまだに延命を図《はか》り、ずるずると引き延ばしにかかっています。

空海　うーん。

立木　弘法大師空海様は、こういう菅直人首相を、天上界《てんじょうかい》からどのようにご覧になっておられるのか、ご教示いただければと思います。

空海　うーん。四国八十八箇所の一番札所《ふだしょ》は、徳島だったかなあ。

立木　はい。

空海　それは、あなたがたも過敏《かびん》にならざるをえないだろうなあ。「巡礼《じゅんれい》したい」と言われても、徳島には入れたくないだろうな。通行手形を発行したいぐらいかな。そういうところはあるだろう。

「菅直人首相をどう見るか」か……。まあ、政治家として、知恵《ちえ》の限りを尽《つ》くしているのだろうとは思うね。

四国八十八箇所を回ると、ご利益《りやく》があるんだよ。四国には狸《たぬき》が多いのでね（会場笑）。だから、回っているうちに、やはり、霊験《れいけん》あらたかなところがあるわけだよ。

狸が守護霊《しゅごれい》につくと、やはり、人を騙《だま》すのがうまくなるし、幻術《げんじゅつ》が使えるようになるし、自分自身さえ欺《あざむ》けることがあるからね。ましてや、他の宗教団体を騙すぐらいはわけのないことだろうね。

実際上、やっていることは、どう見ても社会主義政策を推《お》し進めていて、宗教を無用化する路線を好んでいるように見えるのに、かえって、宗教的なパフォーマンスをしながら、そのへんを上手に〝木《こ》の葉一枚〟で隠《かく》しているところはあるな。

あなたがたとしても、この狸……、まあ、狸は仙谷《せんごく》か。いや、こちらは狐《きつね》かもしらんが、讃岐《さぬき》うどんにはキツネが入っておったか、タヌキが入っておったか（会場笑）、まあ私もよくは知らんが、そういう老獪《ろうかい》な者たちが出ているので、あなたがたも大変ではあろうな。

さあ、それを「信仰心《しんこうしん》がある」と見るかどうか、あるいは利用しようとしているのかどうかということだけれども、そうだねえ、うーん……、まあ五パーセントぐらいはあるかな。

立木　ああ、そうですか。五パーセントですか。

空海　五パーセントぐらいの信仰心はあると思う。

立木　はい。

空海　宗教のなかで選ぶとしたら、五パーセントぐらいはあるのかと思う。

立木　はい。

空海　なぜかと言うと、そのお遍路型は、やはり、この世的に理解できるかたちの宗教スタイルだからね。

要するに、行動論だろう？　マルクス主義や毛沢東《もうたくとう》主義などがそうであったように、行動論を中心にすると、外から見えるからね。本当の内実の信仰などは、見えるものではないのでね。

まあ、そういうところがよいのと、そうしている姿を見せること自体、政治的に言うと、いろんな所を回って支持を取り付けている運動と、非常に似通ったスタイルなわけだな。

あなたがたも、少しはお遍路をしたらどうだね（会場笑）。

立木　（笑）はい。ありがとうございます。

空海　日本八百八箇所とか、何か、少しやらないといかんなあ。パフォーマンスに学ばないといかん。ただ、それはね、正直ではないよ、はっきり言って。

立木　はい。

「マイセルフ教」を唱える菅《かん》氏は是《ぜ》か非か

立木　今、「五パーセントの信仰心」とおっしゃいましたが、その菅《かん》氏のエピソードとして、「以前、彼が留学したとき、あるイスラム教徒から『あなたの宗教は何ですか』と訊《き》かれて、『マイゴッド・イズ・マイセルフ』と答えた」という話が紹介《しょうかい》されています。要するに、「マイセルフ教だ」ということのようです。

空海　うんうん。

立木　それで、自分自身に対して、けっこうほれぼれしているというか、納得《なっとく》しているというようなことも聞いています。

そういう点から見て、本当に信仰心があるのかについては、かなり……。

空海　いやあ、それはね、真言宗《しんごんしゅう》では、一点、許される可能性はあるよ。「即身成仏《そくしんじょうぶつ》」の思想があるからね。

立木　なるほど、そうですね。

空海　もし、お寺巡《めぐ》りをして歩いただけで即身成仏できるんだったら、自分が仏様になれるわけであるからして、「マイセルフが神だ」というのは、ありうる。

彼が、そういう宗教の一つを選んでいるのは、そのとおりだ。

立木　はい。

空海　だが、認めないけどね。

立木　（笑）ええ。

空海　私のほうは認めないけれども、本人が、そう自認する抜《ぬ》け道はあるね。

立木　はい。

空海　宗教的解釈《かいしゃく》として、抜け道はある。

2 民主党とマスコミの「責任回避《かいひ》」の魔術《まじゅつ》

平気で嘘《うそ》をつく菅《かん》氏に〝狸《たぬき》〟としての偉大《いだい》さを感じる

立木　ただ、そうは言っても、菅《かん》氏の立ち居振《ふ》る舞《ま》い等を見ていると、平気で嘘《うそ》をつきますし、自分の延命のみが大目的で、国民の幸福というものをほとんど考えていないと言わざるをえないところがあります。

空海　うーん。

立木　したがって、本当に、一日も早く退陣《たいじん》していただかなければならないと考えています。

空海　しかし、退陣して若手に譲《ゆず》るようなことを言いながらも、結局、「片が付いたら」みたいなことで時間を稼《かせ》ぐのは織り込《こ》み済みであったと思う。不信任案を否決させるために、それをさらりと言ってのけたあたりは、いやあ、狸《たぬき》としての偉大《いだい》さを感じるね。

立木　（笑）ただ……。

空海　いやあ、あなたがたも頑張《がんば》って狸腹《ばら》にならないと、やられてしまうよ。

立木　はい。

空海　ぬけぬけと、よく言うよなあ。同業者というか、同僚《どうりょう》たちから、嘘《うそ》つき呼ばわりされても、ペテン師呼ばわりされても、シラッとしていられる。
やはり、政治を目指す者は、何とでも切り抜《ぬ》けられるような、言葉の上手な使い方を考えなければいかんのだなあ。

立木　ただ、そういう平気で嘘をつく方が、総理として、一国のトップにいるというのは、やはり、精神的な面においても、国民に非常に悪影響《えいきょう》が出てくるのではないでしょうか。
例えば、子供の教育において、「嘘をついてはいけないよ」と教えても、「総理大臣が『ペテン師』と言われているぐらいだから、いいじゃないか」と言われかねません。

空海　うーん。

立木　私たちは「宗教立国」を目指しておりますが、やはり政治指導者である以上、信仰心《しんこうしん》をしっかりと持ち、倫理《りんり》的にも国民を導いていくような面がなければ、その任に堪《た》えないのではないかと考えております。

「民主党を応援《おうえん》した責任」から逃《のが》れようとするマスコミ

空海　まあ、菅さんだけと言わず、民主党そのものが、政権を取る前に言ったことを、今、全部、反故《ほご》にしていきつつあるから、はっきり言って、嘘つきは全員だな。嘘をついて政権を取ったということだ。な？

立木　はい。

空海　その嘘を後ろから煽《あお》り立て、便乗した人たちが、今、菅さんを責めているふりをしながら、「自分たちの責任を問われないようにしよう」という立場を取っているので、十分に攻《せ》め切れていないところがあるんだと思うね。

立木　はい。そうですね。

空海　責任はあるからな。

立木　はい。

空海　自分たちの責任であることが、はっきりと分からないようにしながら、今、「責任をどちらに押《お》し付けるか」という合戦をしている。

立木　はい。

空海　政府が、原発の責任を、東電《とうでん》に押し付けて逃《に》げようとしているようにな。マスコミのほうも、この政権がこんなに目茶苦茶であることに関して、自分たちの責任だと言われないように、首相本人が悪人であるように上手に見せていく技術を持っているので、狸は、こっちも一緒《いっしょ》なんだがな。

立木　はい。

空海　だから、自分たちには責任がなく、あたかも裏切られたかのように、上手に持っていかねばならんので、もうひとつ切れ味が悪いんだよ。

立木　そうですね。もし、自民党政権で、菅首相のような人がいたら、もう……。

空海　そらあ、もっと早く降ろされているでしょうね。

立木　めった打ちになっているでしょう。

空海　ええ。従来の自民党なら、やはり、あのように言えば、翌日には退陣表明でしょうね。

けれども、マスコミは、「若葉マークの政権だから、ある程度は許される」というようなふりをしつつ、実は、自分たちが応援《おうえん》してつくった政権であることを、しだいに忘れさせようとする魔術《まじゅつ》を使っている。

立木　そういう意味で、マスコミに対しても、この点はしっかりと認識してもらわなければいけないと考えています。

民主党には徹底《てってい》的に〝在庫一掃《いっそう》〟してもらったほうがよい

空海　私は、菅さんが、徹底《てってい》的に落ちて、すべての能力を洗いざらい実証してもらうのも一つだと思うし、次の人が出てきて、さらにまた無能であることを実証して、もう〝弾《たま》〟がないところまで見せるのもいいと思う。

どうせ、あと二年粘《ねば》ろうとして頑張っておるのは分かっているんだから、もう、〝在庫一掃《いっそう》〟してもらったほうが、かえっていいかもしれないという気もするんだ。それだと、もう民主党に投票する気もなくなるからね。

立木　はい。

空海　下手に、潔《いさぎよ》く、あっさり辞められると、無能さが分からずに、復活してくるかもしれないから、危ないですよ。

今、菅の評判が下がったので、また鳩山《はとやま》がつないで出てきて交代するなどというこをやられたらたまらないし、小沢《おざわ》さんが復活するなどということがあるかもしれない。そのように、グルグル回して責任回避《かいひ》をする技がありますからね。

立木　はい。

空海　そういうふうになってはいかんね。

この前、誰《だれ》かが、「信なくば立たず」と言っていたけれども、そのとおりだと思うね。やはり、政治においても、信義というものを大事にしなければいけない。信義を大事にしないのであれば、マニフェストだとか、公約だとか、こんなものは、もう、まやかしにしかすぎなくなる。それを選挙のときだけ見せて、あとは、「みな忘れるだろう」ということを前提にやっているわけだ。それが新聞に載《の》っても、わざわざ切り抜いて壁《かべ》に貼《は》り、毎日眺《なが》めている人はいないからね。

だから、そういう「騙《だま》しの政治」が民主主義政治であるのだったら、そのへんに対しては、やはり、きちっとただすことが必要だね。

菅《かん》氏には四国八百八狸《はっぴゃくやだぬき》の〝ご加護〟が働いている

立木　民主党のなかには、いろいろな人がいるのかもしれませんが、菅《かん》首相に関しては、見識も能力もないだけでなく、とにかく倫理的に許せないところがありますので、早く責任を取って辞めてもらわなければいけないと思います。

空海　うん。

立木　天照大神様《あまてらすおおみかみ》からも、一年前にご指摘《してき》いただいていますが（『最大幸福社会の実現』――天照大神の緊急神示《きんきゅうしんじ》――〔幸福の科学出版刊〕参照）、このまま放置すると、再度、天変地異などのさまざまな国難を呼びかねない気もします。

次の方に替《か》わっても、そういうところは残るのかもしれませんが、とにかく、菅氏は不幸を呼ぶ人間だと思いますので、本当に一日も早く辞めさせたいということで、幸福実現党は、デモを行《おこな》ったり、街宣活動を行ったりしております。

空海　菅さんは、四国八十八箇所のうち、五十何カ所を回ったのかは知らんが、霊的には、四国八百八狸《はっぴゃくやだぬき》の〝ご加護〟が少し入っているだろうと思うので……。

立木　ああ、そうですか。

空海　あなたがたは、「狸との戦い」をしなければいけなくなる。宗教的パワーで狸の浄化《じょうか》をしなければいけないかもしれない。少し、その術は入っているような感じがするなあ。昔から、狸は高僧《こうそう》とかに化けるのがうまいのでね。

立木　はい。

空海　何か、妖怪《ようかい》世界の働きはあるように、私は思うよ。

3　政権に食い込《こ》むための「戦略・戦術」を持て

「幸福実現党は正直だが策がない」と見られている

立木　私をはじめ、幸福実現党全体としても支持者を獲得《かくとく》していかなければなりませんが、ほかの政党にはない宗教政党の強みである「宗教パワー」を十分に使って、支持者を拡大し、党勢を広げていくことが大事だと思います。

その点において気をつけるべきことなどがありましたら、お教えください。

空海　あなたがたは正直だから、ある意味で、逆利用されている面もあるかもしれないね。先ほども大川総裁が言われていたけれども、あなたがたの正直な政策を見て、まんまと使われている面はそうとうあるね。

その意味では、策がない戦い方をしているかもしれない。「正直だが策がない」と見られている面もあるかもしれない。

政治というのは、そのへんが難しいところだからね。

まあ、そうねえ……、正直ではあると思うね。言っていることが非常に正直で、嘘《うそ》は言っていないと思うけれども、政治家は、著作権や特許権が通じない世界に生きていて、耳にしたことを、全部、使ってしまうからね。

そろそろ、あなたがたにも、もう少し「戦略・戦術」というものが要《い》るのではないでしょうかねえ。

立木　はい。

空海　だから、次の戦略を、もう少し、よく考えないといけないね。例えば、菅《かん》さんを辞めさせることだけを目的に攻《せ》めても駄目《だめ》で、「次にどう動いてくるだろうか」を予想し、次の手を考えておく必要がある。

立木　はい。

空海　「自民党はどう動くか」とか、「ほかの政党はどう動くか」とか、そういうことを考えた上で、自分たちの政党の未来図についての構想を、もう少し持たなければいけないね。

立木　はい。

空海　これは、囲碁《いご》や将棋《しょうぎ》でもやるかのように、何十手か、百手か、ある程度、先を読んでいくことが大事なんだが、今は、ただただ槍《やり》で突《つ》っ込《こ》んでいっているように見えなくもないなあ。

立木　はい。戦略・戦術ということで言いますと、とにかく、「選挙でどのようにして勝っていくか」ということになります。これに関しては、やはり、「票を幾《いく》つ積み重ねるか」ということになると思います。

空海　うーん。

立木　そういう意味では、「一般《いっぱん》の有権者のみなさまに、いかにアプローチするか」ということが一つと、もう一つは、党本部として、マスコミや、世間に対して、ある種の空中戦のかたちでＰＲしていくということがあります。

空海　うーん。

立木　この二つの側面から、一生懸命《いっしょうけんめい》に頑張《がんば》ってまいりたいと考えています。

空海　うーん。あなたがたが、正直に攻めようとして、その先に策がなかった場合……。

立木　はい。

空海　例えば、菅さんを攻め落とし、その結果、仙谷由人《せんごくよしと》が総理になるような状《じょう》況《きょう》をつくり出してしまったら、あなたがたにも落ち度はあるからね。
立木　はい。はい。
空海　だから、そういうことが起きないように、そのへんを考えた攻め方をしなければいけないと思うんだよ。
立木　はい。
空海　さらに、どんどん悪くなっていくほうへ力を貸してはいけないと思うので、そのへんの術《じゅつ》が、多少、要るだろう。

民主党の中枢部《ちゅうすうぶ》に幸福の科学を勉強している人がかなりいる？

立木　そういう意味では、「民主党政権のなかでも、多少、保守的な色合いのある人に次の首相になってもらわなければいけない」という問題意識は持っております。

空海　うーん、そうだねえ。本当は、あなたがたがすでに「政党」になっていればよかったんだがね。

例えば、あんな社民党のような小さなところでも「連立を組む」ということが起きるぐらいだから、それは、やはり影響力《えいきょうりょく》が出てくるからね。

だから、早く、政権の一角に食い込む必要はあるねえ。ということは、やはり選挙に勝たなければならないわけだね。

立木　はい。

空海　そのためには、「選挙に勝つ」という結果に結びつけていく戦い方をしなければいけないね。

あなたがたの政策は、次々に取り込まれているように見える。ところが、マスコミは、あなたがたの主張を載《の》せないから、民主党が独自でやっているように見える。

立木　はい。

空海　ここが盲点《もうてん》として狙《ねら》われているようではあるな。

立木　政策に関しては、確かに、民主党に取られてしまっている面もありますが、より大きな目で見れば、その政策そのものが実現することで、日本の国民にとってはプラスが生まれるという面はあります。

それから、マスコミについても、確かに中央のマスコミは非常にガードが堅《かた》いのですが、地方のメディアは普通《ふつう》に掲載《けいさい》してくださるため、いろいろアピールできるところもございます。

空海　うーん。

立木　こういったところから、しっかり攻めていき、露出度《ろしゅつど》を上げていく動きを、今後も引き続き拡大していこうと思っております。

空海　うーん。だから、あれだろう？　日米同盟のところも、あなたがたが中国の脅威《きょうい》を言ったから、今、同盟を少し強化しようという方向に動いているし、また、自衛隊についても、今回の震災《しんさい》が起きたために、もっと強くしなければいけないという声も出てきている。

それから、原発のほうも、何だかんだ言いつつ、問題が解決してきたので、継続《けいぞく》する方向に持っていこうとしている。

立木　はい。

空海　これは、あなたがたの意見を吸い上げているからであるように、多少は見えるな。そのようにして、反対勢力を押《お》さえ込みに入っていると思う。

立木　はい。

空海　ある意味で、あなたがたが攻撃《こうげき》してくれることにより、その意見を取り入れて、マスコミの批判をかわすことができるわけだ。そういう、うまい使い方をされている。

立木　うーん。

空海　あなたがたに批判されているので、「そちらの方向に方針転換《てんかん》をすれば、マスコミから露骨に攻撃されないで済む」というような、上手な使われ方をしている。

やはり、民主党の中枢部《ちゅうすうぶ》に、幸福の科学の説いている内容を勉強している人がだいぶいるのは間違《まちが》いないね。

立木　はい。

「幸福実現党の政策を採用してくれた」と逆キャンペーンを張れ

空海　あなたがたが、「そういうかたちで自己実現できるなら、それでいい」と言うのであれば、逆の方法もある。
「いやあ、菅さん、ありがとう。うちの政策を使ってくれてありがとう」と言って、一生懸命にキャンペーンを張るという方法もあるね。

立木　はい。

空海　「まさに、その政策を主張していたんです。よくぞ取り入れてくれました」と言って、PRを逆にかけていく手もあるわけだが、そこで黙《だま》ってしまうところが、やはり、もう一歩足りない部分だね。

立木　はい。

空海　狸《たぬき》を相手にするときには、煙《けむり》で燻《いぶ》り出さなければ駄目なんだよ。穴のなかに煙を送り込まなければ出てこないからね。

だから、そのへんの技を、もう少し使わなければいけないと思うな。

立木　はい。

空海　政策をただ使われるだけで終わり、「政策が実現されればいいのです」と言うのでは、善人すぎる。相手が狸だと思ったら、やはり、きちんと穴から追い出さなければいけないよ。

立木　はい。「今の政府与党《よとう》がやろうとしていることは、幸福実現党の政策を取り入れたものであって、オリジナルはこちらにあるのだ」ということを、しっかりと訴《うった》えてまいりたいと思います。

空海　そうそう。消費税のほうも、最終的には、なかなか増税を打ち上げられない方向に、じわじわと圧力はかかってきているしね。

立木　はい。

空海　少なくとも、民主党の議員のなかには、幸福実現党から受けている批判や、主張している内容について、そうとう聞いている人はいるし、幸福実現党に先見性があることを認めて、受け入れている人もいるだろうと思う。

だから、「菅首相は、また幸福実現党の政策を採用してくれた」と言って、逆にキャンペーンを張るやり方が一つあるし、もう一つは、民主党のなかに、保守系の操《あやつ》りやすいタイプの人がいるので、そちらの人を次の首相に持っていくように、うまく追い込んでいく手はあるかな。

とにかく、反対の方向に行かないようには、気をつけなければいけないと思うね。

立木　はい。「破邪顕正運動《はじゃけんしょう》」は効《き》いたが、次のビジョンが描《えが》けていない

空海　今は、確かに、あなたがたのオピニオンをマスコミは取り上げないけれども、批判としては、いちおう向こうも聞いているし、影響し合っていると見ていいと思う。そうとう、こたえているよ。

少なくとも、この前の菅さんの退陣《たいじん》表明までというか、「辞職か、内閣不信任案が通るか」というところまで追い込まれたのは、あなたがたが五月から行《おこな》った「破邪顕正運動《はじゃけんしょう》」がそうとう効《き》いているのは間違いないよ。

立木　ありがとうございます。

空海　あのときは、国民的運動になる寸前まで行《い》ったと思うね。けれども、そのあとのビジョンが、ストーリーが、まだ描《えが》けていなかったところがある。

立木　うーん。

空海　つまり、「そのあとは大連立になるのか、どうするのか」というビジョンが描けていなかった。「では、自民党の谷垣《たにがき》が総理になればいいのか」というと、それもよく分からないというところだね。彼も同じぐらい弱いですからね。

立木　はい。

空海　まあ、そのへんのビジョンを描き切れなかったということがある。

それと、菅の本心は、とにかく時間稼《かせ》ぎにあることは間違いない。先に延ばせば延ばすほど、復興は進むからね。
これは、彼の力と関係なく進んでいくことだ。瓦礫《がれき》が片付いて、建物が建ち上がり、町が出来上がって、生活が楽になっていけば、みんなの不幸の記憶《きおく》がだんだん薄《うす》れていく。これからは、よくなるしかないからね。

立木　うーん。

空海　だから、首相の座に長くいれば長くいるほど、成果があったように見えるわけだね。彼は、そのへんを狙っていて、「いや、意外に大宰相《だいさいしょう》だった」というように、評価が逆転する方向に持っていきたいと願っているはずだよ。

立木　「次のビジョンがなかった」というご指摘《してき》は、確かにそのとおりだと思います。

その点に関しては、大連立になってしまうと、増税をはじめ、本当に何でもかんでも通ってしまう恐《おそ》れがありますので、民主党のなかから、保守的な色合いのある、多少まともな方が出てくることを望んでいます。

ただ、そうなっても、それほど実力はなく、ずるずるとダッチロールするでしょうから、こちらとしては、また批判をさせていただくつもりです。

そういう方向で、やっていきたいと考えております。

経済界も「民主党政権は社会主義だ」と気づき始めた

空海　あなたがたには、政党としての力は十分ないけれども、圧力団体としての力は十分にあるので、オピニオン性のある圧力団体として、そうとう押してはいると思うね。
経団連等は、自民党政権の末期のころは民主党支持だったと思う。「民主党のほうが、中国との貿易が盛《さか》んになってよい」ということだった。
しかし、今は、経団連のほうも、「民主党は駄目だ。完全な社会主義政権で、経済政策は社会主義的なものばかりだ。企業《きぎょう》の発展や利益などはまったく考えておらず、全部、国策会社か国営企業に変えていき、『大きな政府』になっていこうとしている」ということに、やっと気づきつつあるね。

立木　はい。

空海　だから、次は、経済界のほうを、もう少し取り込まないといけないかもしれないね。

立木　はい。政策の内容としては、そういう財界の方々に喜んでいただけるものになっていると思いますので、その点をしっかりとアピールしていきたいと思っております。

空海　例えば、リニアモーターカーの計画などにも、少し乗ってき始めている。まあ、遅《おそ》いけれども、あなたがたが推《お》していることが、じわじわと効いてきていて、財界のほうは、多少うれしくなっているだろう。

　また、今どき、原発推進を主張するようなところはあまりないなかで、平気で言っているという、この〝神経の切れ具合〟が何とも素晴《すば》らしくて……。

立木　はい（笑）。

空海　電力会社等は、それはありがたいと思っているだろうね。

立木　そうですね。

空海　沖縄《おきなわ》問題のときの米軍のように、「よくぞ言ってくれた。ありがたい」と思っているだろう。「原発をつくるために、国がいったいどれだけの投資をしたか」ということを、やはり考えねばいかんね。

立木　はい。

空海　それを全部、廃棄《はいき》処分にしたならば、これまでの投資が全部無駄になってしまう。要するに、税金が無駄になると同時に、さらに高コストの燃料による発電をやらなければいけないことになる。

それは、あなたがたが言っているとおりだろうし、また、今、クリーンエネルギーと言うのかな？　風力だの、太陽エネルギーだの、いろんなかたちで発電したものを買い取らせようとしているんだろう？

立木　ええ。

空海　これは、実を言うと、戦争中と同じように、国家管理下に全部置かれて、企業の自由がなきに等しい状態になろうとしているということだ。

立木　はい。

空海　財界のほうは、正直なところ、「とにかく、国家は、もう何も考えてくれるな」と思っている。元の日本神道《しんとう》のかたちに戻《もど》して、空っぽの中空組織になってくれればありがたいというところだね。

立木　そうですね。

空海　「自力回復の道が完全にふさがれてしまうので、もう下手な政策は立ててくれるな」というところだろうね。

例えば、原発を止《と》めたら、補償《ほしょう》金がたくさん出ていったり、代替《だいたい》エネルギーのコストが要ったりするので、とにかく目茶苦茶ではあるな。

「日本を二流国にする」のが菅《かん》首相の〝使命〟

立木　このまま放っておくと、経済的に日本が落ち込んでいきますので……。

空海　落ち込んでいくよ。それが彼の〝使命〟だからね。日本を二流国にするのが使命なんだ。だから、それをさせないように頑張らないといけないね。

立木　はい。

空海　日本を二流国にするのが彼の〝使命〟ですからね。つまり、心のなかに罪悪感があるんだよ。

彼には、「日本は、もう少し処罰《しょばつ》されるべきだ」という罪悪感があるので、国の発展的なビジョンは描けないのだと思う。「日本が大きく発展して、世界に影響を与《あた》えるのは悪いことだ。世界に対して害悪を流すことだ」という気持ちがある。そういう贖罪史観《しょくざいしかん》を持っているのでね。

立木　はい。

空海　「日本は処罰されるべきだ」という国家処罰法みたいなものを、心のなかに持っていて、それを無意識のうちに演じているところがあるね。

そういう想念は、マスコミのなかにも国民のなかにもあるし、諸外国のなかにも、ある程度はあるけれどもね。

「天命による革命思想」に弱い中国

空海　ただ、現実には、中国の意思なども読み違えているかもしれないね。中国は、ほとんど完全に資本主義の国を目指していて、本当に、裏からも表からも日本を研究している。日本が失敗したところは、同じようにならないようにしようとするし、成功したところは、貪欲《どんよく》に呑《の》み込もうとしている。
また、アメリカからでも、ヨーロッパからでも、いいところは取り込んでいこうとしているね。
ただ、完全に自由主義に入るのは恐《おそ》ろしいので、求心力としてだけ、マルクス主義的な独裁体制を敷《し》いているということだ。

立木　はい。

空海　しかし、全体的に見るかぎり、あなたがたは、思想戦は十分にやっているのではないかね。あなたがたが、「中国を揺《ゆ》さぶろう」と考えていたら、現実に、中国でデモが起きたりしているしね。

立木　はい。

空海　「中国に貧富の差がある」ということを主張する大きなデモが連日起き、それが世界に報道され始めたけれども、これは、かつての中国ではありえないことだ。

今、世界各国で、いろいろなデモが起き、政府を倒《たお》す運動が連続して起きているので、やはりその影響が出てきているね。中国は、もともと革命で成り立った国だから、革命に対しては非常に過敏《かびん》なところがある。

だから、あなたがたが言っているような「天命による革命思想」のようなものを出されると、中国人は本当に弱いんだよ。

立木　ええ。

空海　「そうか。天が革命を望んでいるのか」ということになると、一気に火がついてしまうので、あなたがたは、中国政府にとって非常に怖《こわ》い存在ではあるけれども、中国の人民にとっては非常にありがたい存在なんだよ。

立木　はい。

空海　そういう革命思想をどんどん打ち込んでくれれば、自由に行動ができ、自由に報道ができるところまで、政府の統制を解いていけるのでね。

だから、思想的な戦いとしては、ある意味では、現に勝っていきつつあるところがあると思うよ。

立木　そうですか。

空海　うん。中国政府のほうは、おそらく、あなたがたを弾圧《だんあつ》するよりも、抱《だ》き込みに入ってくると私は見ている。

立木　はい。

空海　それは結局、民主党があなたがたの政策を取り込んでいるのと同じような感じになるかもしれないね。

4　日本の〝鎖国《さこく》体制〟を打ち破れ

マスコミの洗脳を破るには「巨大霊力《きょだいれいりょく》」が必要

空海　だから、選挙の結果は悪いけれども、思ったより強いんだよ。「思ったより強い」というのは何かというと、今、中心にいる教祖が、日本のスーパースターとして、確かに無視できない存在になっているということだ。今、自民党や民主党には、それだけのスーパースターがいないのでね。

立木　はい。おりません。

空海　この教祖の存在がやはり怖《こわ》いし、今、その教えが世界的に通用するところを、一生懸命《いっしょうけんめい》、宣伝に入っているからね。

これは、よくある話であって、「海外のほうでは知られているが、国内だけでは弾圧《だんあつ》されている」という構図に持っていかれると、非常に具合の悪い結果が起きてしまう。

「幸福の科学や幸福実現党が、日本を本当によくしようとしているのに、マスコミやほかの者たちが一生懸命にそれを消し込《こ》んで、国民に見せないようにし、悪い政治を続けようとしている」というように持っていかれるのが、政治にとってもマスコミにとっても、いちばん具合の悪い状態だね。

だから、日本の鎖国《さこく》体制の打破みたいなことを、もう少し訴《うった》えてもいいのではないかな？　「鎖国から開国へ」という明治維新《いしん》ではないけれども、「もう少し開国したらどうだ」ということだね。

立木　はい。

空海　だから、原発推進等のデモとか、菅《かん》政権への批判のデモとかも、あなたがたがやるとマスコミは伝えてくれないんだろう？

立木　はい。そうです。

空海　ところが、原発廃止《はいし》のデモみたいなものだったら、小さいものでも、すぐに伝えてくれるんだろう？

立木　そうですね。

空海　だから、向こうには、ちゃんと左翼《さよく》系の組織か何かがついて、やっているのは間違《まちが》いない。
　これは、やはり、「破邪顕正《はじゃけんしょう》」をやらなければいけないね。

立木　はい。

空海　現実には、そういう騙《だま》し合いというか、国民の洗脳合戦みたいになっている。これを破るには巨大霊力《きょだいれいりょく》が必要だ。政治も一種の幻術《げんじゅつ》の世界ではあるのでね。

「マスコミ的戦い」をするためのヒント

立木　政治の場で、そういう霊力といいますか、幻術を発揮していくために、あるいは、そういう力を強めていくために、どのようなことを心掛《が》けたらよいでしょうか。

空海　うーん、そうだねえ。例えば、「立木秀学　十番勝負」とか、積極的に政治家と対決していく図式のものは、多少、欲しい気はする。私の感じとしてはね。

立木党首をほかの政治家にぶつけてみたら、どのようになるか。今のところ、テレビの座談会などには絶対に出してくれないだろうけれども、他流試合を禁ずるのではなく、「他の政治家に当ててみたらどうなるか」というのを、何か上手にやっていく必要があるね。

立木　はい。

空海　まあ、テレビまで行かないにしても、公開討論みたいなものでもいいかもしれない。

立木　そうですね。

空海　あるいは、その内容を新聞が報道してくれないのならば、自前の機関誌等で、一生懸命、全国的に報道するしか、しかたがないね。マスコミのスタンスとして、「あなたがたもマスコミなんだろうから、自分たちでやれ」と思っているようなところもあるのでね。

立木　はい。

空海　共産党も、ある意味でのマスコミだろう?

立木　ええ。

空海　〝出版マスコミ〟が政治をやっているようなものであって、党の収入も、ほとんどそちらから来ているんだろう。

立木　はい。

空海　それならば、あなたがたも、「マスコミ的戦い」をきちんとすべきだろうね。

立木　うーん。
それは、党としてのメディアを活用したり、その中身についても、いろいろな露出《ろしゅつ》の方法を考えていったりするということですね。

空海　うん、そうだね。まだ、技が小さいところもあるしね。

立木　はい。

落選が怖《こわ》くて正論を言えない政治家たち

空海　現実的には、最大野党の自民党にしても、それだけの政策を考えられる人は、今はもう、いない状態だ。だから、彼らも、あなたがたの言っていることを正論と認めつつ、票が減るのが怖《こわ》いので、それを言えずにいるような状況《じょうきょう》にある。

はっきり言ってね。

立木　はい。

空海　とにかく反対されるのが怖いからね。だから、あなたがたのように反対が怖くないところというのは、それなりに凄《すご》みはある。落選も怖くないし、反対も怖くない。それはそれなりに怖い存在ではある。政治家はみな落選が怖いからね。だから、必ずご機嫌《きげん》取りに入るんだ。これは民主主義の落とし穴だな。

立木　はい。

空海　「とにかく落選だけは避《さ》けたい」というのが、政治家としての最低限の戦いだね。

立木　はい。

空海「たとえ落選しても正論を通したい」というのは、それなりに凄みはあるよ。

立木　はい、そうですね。

空海　ただ、もう一段、ＰＲの工夫が必要だな。

立木　はい。承知しました。

Chapter2

「宗教立国」を実現し、中国の野望に備えよ

1 「政治と宗教の融合《ゆうごう》」の意義

空海は国師的立場で宗教立国を目指した

黒川　次に、私のほうから質問させていただきます。

空海　うん。

黒川　政治と宗教について、ぜひ、ご指導いただければと存じます。
菅直人《かんなおと》氏は、以前、小泉《こいずみ》元首相が靖国《やすくに》神社に参拝したことに対して、「政教分《ぶん》離《り》に反する」と批判していましたが、私たちは、「政教一致《いっち》」の理念の下《もと》で政治と宗教を融合《ゆうごう》し、「宗教立国」を実現してまいりたいと思っております。

空海様も、ご生前は、その宗教立国を目指されたのではないかと……。

空海　そうだよ。

黒川　はい。

空海　実は、そうだよ。

黒川　ええ。聖徳太子《しょうとくたいし》様も宗教立国を目指されましたが、やはり、空海様が、平安京、すなわち、京都に、いわば「千年王国」の基礎《きそ》をつくっていかれたと思います。また、公共事業においても、満濃池《まんのういけ》の改修をはじめとして、道路や橋をつくられたり……。

空海　うんうん。そうそう。そのとおり、そのとおり。

黒川　はい。空海様は、ある意味で、宗教立国の理想型をつくられたのではないかと思います。

空海　うん。だから、環境《かんきょう》としては整《ととの》っているんですよ。

黒川　はい。

空海　私は、密教を正統な国教にすることによって、「鎮護《ちんご》国家」（仏教によって国家を守護すること）を目指そうとしていたわけです。

当時、この国には、いろいろな災害や災難など、悪いことが多く続いていたが、政治家だけで対応するのは無理なので、宗教家の力に頼《たよ》り、その法力《ほうりき》でもって国を守ろうとしていた。そうしたところに鎮護国家の思想が強く出ている。

それが、密教は山のなかに隠《かく》れて修行《しゅぎょう》するようなものであるにもかかわらず、密教と表舞台《おもてぶたい》の政治との距離《きょり》が非常に近かった理由だね。

当時の私は、ある意味で国師的立場だったとは思うし、政治家というか、天皇等もまだ実権を持っていた時代ではあるが、私の言うことをきいたからね。

それから、私は、満濃池の改修など、いろいろなことをしたけれども、こういうことを行うには、要するに、国民の労力をそうとう使わなくてはいけないし、もちろん、税金も要《い》るので、反乱を起こされると、政治は、もたなくなってくるんですね。

そこで、宗教家の徳力を用い、そういう事業を神仏の心で行《おこな》っているように見せることで、反乱を抑《おさ》え込《こ》む。「神仏のご加護があってのことなんだ」というようなことにするわけかな。

満濃池づくりでも、当時は、今の目で見るよりも、もっともっと難しい事業のように見えたわけです。今で言えば、本当に、全国をリニア新幹線で結ぶぐらいの規模の工事に見えたはずですよ。

また、私より前の時代には東大寺の大仏がつくられたけれども、それは当時の国家予算をはるかに超《こ》えた事業だったんですから、行基《ぎょうき》という人の力を使わなくてはいけなかったね。

そういう宗教的なカリスマを使わないと、国を守ったり、国民を指導したりできない時代には、国家的事業を行う際、そういう人が必要になることがあるんですよ。国民には、単なるこの世的な損得勘定《かんじょう》だけでは、どうしても動かないところがあるのでね。

日本の立て直しには「宗教的カリスマパワー」が要《い》る

今のあなたがたは、立場的に、当時の私などに極《きわ》めて近づいているような気がするんですよ。この日本の国の立て直しをするのに、そうした宗教的カリスマパワーが、今、必要になってきつつあるように思うのです。

民主党であれ、自民党であれ、あるいは、官僚《かんりょう》であれ、自衛隊であれ、ある意味では、「幸福の科学が持っている、強力なカリスマ的パワーを取り込んで、それを使いたい」という気持ちはあると思う。

例えば、増税をしたかったら、あなたがたは、それに反対しているけれども、宗教パワーを取り込んでしまわないと、実は、実現できないんだよ。

増税は絶対に国民から不満が出ることだからね。選挙に負けるから、普通《ふつう》は、できはしないんだ。増税することの意義を、理念として説ける人がいなければ、それを国民に納得《なっとく》させせられないから、増税しようとしても、火事場泥棒《どろぼう》のように言われ、腰《こし》がふらついてくるね。

だから、あなたがたが増税に反対していることは、言論として、けっこう効いているとは思うよ。

今の増税の主張は、考えとしては、ずるい。「増税したい」という思いが最初からあり、〝好都合《こうつごう》〟にも震災《しんさい》があったので、それを理由にして増税し、反対意見を黙《だま》らせようとしたけれども、これだけでは理念的に足りないんだよ。「不幸があった上に、さらに不幸にするんですか」と言われることになるからね。

黒川　はい。

空海　現実に東北に震災があったのは、たいへん不幸なことですけれども、菅さんは、「東北が不幸になったので、この不幸を全国民で一緒《いっしょ》に分かち合いましょう」と考え、不幸の分かち合い運動をして、「下へ、下へ」と行こうとしているね。

だから、私が総理大臣だったら、逆に、「宗教家をもう少し取り込まないと駄《だ》目《め》だ」と考えますね。

黒川　国家の中心に、宗教家の宗教パワーを……。

空海　そうそう。歴史上、少なくとも、私はそうだったし、ほかの人もそうだったけれども、「宗教家が国師的立場で政治にアドバイスしていることを、国民が知っている」というような人は数多くいたと思う。それは政治にとって一種の権《けん》威《い》付けでもあったし、現実に指南《しなん》していたこともあったと思うんです。
今は、それが必要な時期だね。

黒川　はい。

2　東日本大震災《だいしんさい》における〝天意〟とは

政治的トップに徳望がなければ国難が起きる

黒川　先ほど、「鎮護《ちんご》国家」という言葉を使われ、「国を法力《ほうりき》で治める」というような考え方に言及《げんきゅう》されましたが、「空海様が編《あ》み出された修法《しゅうほう》が、その後《ご》、千数百年間、宮中における天変地異を抑《おさ》える修法として遺《のこ》った」と伝えられています。

空海　うん。

黒川　そこで、今回の東日本大震災《だいしんさい》について、「どういった天意があるか」ということを、ご指導いただければと思います。

空海　うーん。まあ、当たったんじゃないですか。あなたがたの、ある意味での予想が当たったたんだと思いますよ。

ただ、それが、「経済的な損失を起こすだけ」という感じに持っていかれたのでは、困るところがあるんですね。

「政治的指導者、トップに徳望がなければ、いろいろな国難が起きる」という思想は、昔からの古い伝統的な考えだし、中国人も納得《なっとく》する思想なんです。

そういう指導者に対する攻撃《こうげき》は、思想的攻撃として宗教が行うべきかもしれませんけれども、それは連綿として行わなくてはならないものですね。やはり、徳の不足を追及しなくてはいけないし、その徳の不足が、先ほどの「嘘《うそ》つき」の問題でもあろうとは思うけれどもね（本書「Chapter1」参照）。

この大震災が起きる前に、あなたがたが「国難が来るぞ」と言っていたことを、菅《かん》さんがまったく聴いていなかった面は確かにあると思うね。しかし、それを嘲笑《あざわら》うかのごとく国難が起きている。

また、天照様《あまてらすさま》のお怒り《いか》は、そうとう激しかったですよね（前掲『最大幸福社会の実現』参照）。菅さんに対し、「心が穢《けが》れている」ということで、「一刻も早く退陣《たいじん》せよ」ということをおっしゃった。これが、菅さんが総理になった直後の話でしょう？

そして、「こんな人物が総理になるようだったら、神罰《しんばつ》が近づいている」というようなことを、はっきりとおっしゃっていて、そのとおり、一年もたたずに震災が起きております。

あなたがたが震災を起こしたように思われると具合が悪いので、言い方に気をつけなくてはいけないけれども、「何か分からぬ、〝天の怒り〟が、やはり起きている」ということだな。

でも、長い目で見ると、だんだん、あなたがたの主張が通《とお》ってきているような感じはするね。

今、天照様の神示《しんじ》（『最大幸福社会の実現』）を読めば、「ああ、そのとおりなのかな」という思いがしてくるだろうから、マスコミも、一年ぐらい遅《おく》れて、ついてきている状況《じょうきょう》になると思う。

黒川　はい。菅直人氏にも、「悔《く》い改め」を迫《せま》ってまいりたいと思います。

原発廃止《はいし》による経済の萎縮《いしゅく》は、大恐慌《だいきょうこう》の引き金を引きかねない

黒川　先ほど満濃池《まんのういけ》の話もありましたが、「満濃池に使われている技術は、現代の技術者が見ても最高度のものだ」という評価もございます。

空海　うん。

黒川　一方、民主党政権は、八ッ場《やんば》ダムをはじめとするダム建設の中止や見直しを表明しています。こういった「公共事業の中止や削減《さくげん》」を、空海様は、どのようにお考えになられているのでしょうか。

空海　少なくとも、今は、「原発をやめたい」という意見が出るぐらいなので、時系列が逆であれば、水力発電は推進したでしょう。論理的には、そうでしょうね。「発電能力があるダムとして、もうすぐ完成するものを、建設中止にする」ということは、今であれば、ありえない話でしょう。鳩山《はとやま》さんと菅さんの順序が逆だった場合には、本当に、ありえないでしょうね。「一刻も早くダムを完成させて、電力を送るように」という話になるね。そういう矛盾《むじゅん》はある。

また、朝日新聞は、どうせ、原発に反対する側を一生懸命《いっしょうけんめい》に応援《おうえん》しておるんだろうが、実は、夏の甲子園《こうしえん》野球を主催《しゅさい》していて、それをテレビで見る人が多いために、最大発電量の確保が必要になるんだな。でも、それについて、彼らは知らん顔をしておるんだろうけどね。視聴《しちょう》のピーク時のために、実は電力を用意しなくてはいけないんだな。

立木 「できるだけ試合の時間帯を午前中にずらして対応する」と言ってはいるようです。

空海 ああ、そう。まあ、試合の放送をやめたらいいんだよね。だから、ずるいところがあるような気はするな。

このへんについても、もう少し論理的に、いろいろと検証していく面は必要かな。

今、エコ（環境保全《かんきょうほぜん》）とか、クリーンエネルギーとか、そんなもののほうに、うまくシフトしていき、また、ごまかそうとしてくるだろうが、コストの部分が十分には見えていないところがある。

それと、もう一つ、民主党政権には大きな責任があると思うんだな。

今回の原発問題で、実際に死者が出たわけではないのは間違《まちが》いない。津波《つなみ》によって発電設備が故障したことによる被害《ひがい》であって、他の被災者たちと同様に、本当は東電《とうでん》も被害者ではあるんだけれども、これが諸外国に与《あた》えた影響《えいきょう》には、そうとう大きいものがあったと思うね。

日本を攻《せ》めてこないようなところが原発をやめてくれても、別に、うれしくも何ともないですね。日本に攻撃をかけてくる可能性のあるようなところが、原発をやめてくれるのなら、効果は大きかったと思いますが、そちらは、まったく平気でいますからね。

それから、クリーンエネルギーの活用を訴《うった》えていたオバマ大統領であっても、「原発は続けたい」という気持ちを持っているようですが、それは、コストを計算すれば出てくる結論なんだろうと思う。

日本は、今回の原発問題を逆手《ぎゃくて》に取って、「世界一安全な原発」という信用をつくってしまったら、今度は原発が付加価値を生んで、それを海外に送り出すことができるようになってくるので、逆に、ここで、原発に関する技術力の高さを、しっかりとPRすべく努力したほうがいいと思うね。

津波の被害は原発が起こしたわけではないんだから、何か論理が逆転してきているような感じですね。原発のせいで全部が流され、壊《こわ》されたかのように思われてきている。海外でも、そのように見られてきているよね。

現在、いろいろな国が原発を廃止《はいし》しようとしているんでしょう?

しかも、今、ヨーロッパを中心に、また経済危機が世界的に起きようとしているよね。

だから、気をつけないと、これには大きな恐慌《きょうこう》の引き金を引きかねないところがある。やはり、経済を萎縮《いしゅく》させていくのは非常に危険だね。

国民が衝撃《しょうげき》を受ける「幸福実現党の先見性」

満濃池だって、本当に、決壊《けっかい》して失われた人命が多かったので、宗教家を登用して改修したところもあるけれども、私が唐《とう》に留学し、僧《そう》として学んできた知識のなかには、工学部的なものもかなりあったのです。「お経《きょう》」と称《しょう》していても、中国文字で書いてあるものは、みんな、お経だったところがあって、そのなかには築堤《ちくてい》の方法を書いたものまで入っていた。

また、当時は、雨を降らす修法《しゅうほう》まで、きちんとあったので（笑）、気象予報士のような仕事ではないけれども、私は、雨を降らす修法もずいぶん行《ぎょう》じており、雨を降らすことによく成功しています。お天気コントロールまでやっていたんですね。

水不足というのは、ものすごく大変なことだが、当時は、祈願《きがん》するしか手立てがなかったので、優秀《ゆうしゅう》な宗教家は、雨ぐらい降らせることができなければならなかった。これは、日本だけではなく、ほかでもそうなんですね。

それから、満濃池の築堤に関しては独特のアーチ工法を使っている。堤防は水圧でよく壊れるので、水圧をうまく分散するように、堤防をアーチ型にする工法を使っている。あれは、日本にはなかった工法なんですけれども、中国のほうでは、もう使われ始めていたものだね。だから、「日本と唐の文明的な落差を使った」というところはあったんです。

あなたがたは、意外に理科系の信者が多い宗教のようではあるから、彼らの才能をしっかり引き出していけばいいね。

黒川　当会の信者さんには、魚の養殖《ようしょく》技術や……。

空海　そうだね。

黒川　植物工場などで、最先端《さいせんたん》を行く方もいらっしゃるので、そういう最新技術に関する情報も取り入れ、政策を立てていきたいと思います。

空海　あなたがたは、経済的危機の克服《こくふく》、それから、国防の危機の克服を訴えているが、次に、宇宙の危機まで、もう視野に入っているんでしょう。その問題は、まだ政局にはなりませんが、いずれ出てくるものだと思います。

　そのため、あまりの先見性に、国民が驚《おどろ》くようになってくるでしょう。あなたがたの見方に抵抗《ていこう》すればするほど、そのあとの衝撃《しょうげき》が大きくて、「ウワッ」という驚きが生じてくると思うのです。

　時代的に見れば、今は、そういう先見性のある人が欲しい時代ですよ。誰《だれ》もが訊《き》きたいのは、実は、「先がどうなるのか」ということであり、「先が知りたい」という好奇心《こうきしん》、願望が抑えられなくなってくるから、幸福実現党の意見が求められるようになる時期は、もう近いと思います。

　ただ、幸福実現党は、政党として、現実的な能力をもう少し身につけないと、「本当に、どのくらいまでやれるのか」という面では、まだ分からないところがあるね。

黒川　はい。政党としても力をつけてまいります。

3　現在の日本の教育を、どう見るか

学問のなかに「有効性」がなければいけない

黒川　「国家百年の計」を考えるに当たっては、教育も大事だと思います。空海様におかれましては、綜芸種智院《しゅげいしゅちいん》という学校をつくられ……。

空海　そうだね。

黒川　大衆教育の門戸《もんこ》を開かれた、非常に大きな実績がございますが、今後の教育についても、ご指導いただければと存じます。

空海　教育は、本当は「百年の計」よりももっと長いかもしれないんですがね。

この国の教育においては、戦後教育の延長線上で、「ゆとり教育」という、学力のレベルを下げていく教育を、つい、この前、やったところだよね。そうすれば、非行も不登校も一切《いっさい》なくなって、バラ色の未来が広がるような幻想《げんそう》を、九〇年代に振《ふ》りまいた。

しかし、やってみたところ、国際競争力がたちまち落ちてきた。企業《きぎょう》の人材の学力が落ちれば、国際競争力が下がるんですよね。そして、企業が国際競争で負け始めた。

だから、「ライバルがある」ということも大事なことだね。国力全体を落としていって、いいことなんか、何もない。

その意味では、今、宗教の仕事と政治の仕事が逆転してしまっているところは、あるかもしれないね。

今は、新しい「学問のすすめ」が必要な時期でもあろうと思うし、一生懸命《いっしょうけんめい》に努力して学問を修めた人が国の柱になっていくように、国を再構築しなければいけない。

そのためには、学問のなかに「有効性」がなければいけないんです。

それがないのは、学問そのものが悪いからではない。要するに、勉強することが悪いのではなく、教えている内容が悪いんです。

戦後の〝亡国史観《ぼうこく》〟を中心とする内容を教えているため、それを学んで、いい点を取った人たちが、しかるべき地位に就《つ》いても、いい仕事をしてくれないわけですよ。むしろ、国を滅《ほろ》ぼす仕事を一生懸命にするから、国が傾《かたむ》いているし、「勉強は役に立たない」という感じになってきているわけです。

やはり、思想の内容が問題ですよね。

国益に反することを、学問として教えておりながら、それを学び、いい成績を取った人を、みな、しかるべき地位に就けている。そんなことをしていたら、国が滅びていく力になるため、「それでは困る」ということになって、今は、そういう人たちを排除《はいじょ》したり、教育の中身を薄《うす》くしたりするようになってきている。

しかし、大事なのは、教育の中身を薄くすることではなくて、中身を入れ替《か》えることだ。中身として、国の発展につながるものをつくることが大事だよね。

それは、この世的にも、きちんとした未来を拓《ひら》く内容でなければならないと同時に、私たちの立場から言えば、やはり、信仰心《しんこうしん》や宗教性を大事にするものでなければいけないね。

そういうものについて、「学問に適さない」とか、「学校教育に適さない」とか、「テストに適さない」とか、いろいろと考え方はあろうかと思う。

しかし、日本の最大の危機、精神的なガン細胞《さいぼう》は何かというと、そうした聖なるものをタブー視してしまったことだ。「畏《おそ》れ多くて、口にできない」という意味でのタブーは、あるとは思うんだが、そういう意味ではなく、聖なるものを穢《けが》れたもののようにタブー視してきたところが大きな罪だね。

これが、やはり、神罰《しんばつ》、天罰が下《くだ》る原因にもなっていると思う。そういうことが起きると、人々に信仰心が芽生えることがあるんですよね。

国が滅《ほろ》ぼされないことは「政治家の最低限の使命」

黒川　アメリカによる占領《せんりょう》政策が行われたころから、宗教のタブー視は始まっていたと思うのですが……。

空海　そうそう。

黒川　アメリカは、「宗教を持つことで、日本が強くなる」ということを恐《おそ》れたんですね。

空海　日本は強かったんでしょうね。現実に強かったのではないですか。先の日米戦争で、緒戦《しょせん》というか、少なくとも最初の一年ぐらいにおいては、日本のあまりの強さにアメリカは驚《おどろ》いたでしょうからね。

マッカーサーだって、最後は占領軍として日本に来ることができたけれども、戦争中には、日本軍によって殺された可能性もあったわけです。彼がフィリピンにいたときには、日本軍の空襲《くうしゅう》が朝からあるので、ろくに朝ご飯も食べられないで困っていたぐらいですから、実に怖《こわ》かったでしょうね。

ただ、日本には、多少、人材的な問題等があったのでしょう。あれは、アメリカ側にも、もっともっと甚大《じんだい》な被害《ひがい》が出る可能性のある戦いではあったんですが、日露《にちろ》戦争のような幸運にあったのはアメリカのほうだったわけです。

　戦争に勝つと、文明論的には大きな意義があり、「勝ったところは発展して、負けたところは滅《ほろ》びていく」という傾向《けいこう》はあるわけですよね。そういうところがあるので、軍事には、ばかにしてはいけない面がある。

　だから、少なくとも政治家などであれば、「国が滅ぼされないようにする」ということは最低限の使命なのです。

　国が滅びると、国民は奴隷《どれい》にされ、最後は売り飛ばされるところまで行ってしまうんですね。私の生きた時代よりずっとあとの、現代に近い時代であっても、アフリカとかアジアとか、いろいろな所が植民地にされ、そこの人々が、人身売買ではないけれども、奴隷として、大勢、売り飛ばされているわけです。私の時代にはなかったようなことが起きている。

　そういうことが、「国が強い」という理由だけでできたし、中南米の国のように、国ごと滅ぼされた所や、民族ごとなくなった所もある。インディアンを滅ぼすようなつもりで、やっているところがあるんですね。

滅ぼされないようにするのは大事なことです。それは別に何も間違《まちが》ったことではないんですね。「武器の力が違いすぎるために、戦わずして、負けることが分かっている」などというのは、いいことではないと私は思います。

黒川　そういう意味では、われわれとしても、「この国を守り抜《ぬ》く」ということを、政治の中心に置いてまいりたいと思います。

4　覇権《はけん》国家を目指す中国に、どう立ち向かうか

中国が最大の覇権《はけん》国家になる可能性は十分にある

黒川　空海様は、中国、当時の唐《とう》の国に留学なさいましたが、そのときの唐には、建築や土木など技術においても、仏教においても、最高度の高みがございました。空海様は、今の中国については、どのようにご覧になられていますでしょうか。

空海　うーん。いやあ、「恐《おそ》るべし」ですね。

本当に次の「世界の覇権《はけん》国家」を目指していると思うし、ここ二千年ぐらいで見れば、確かに、中国が覇権国家であった時代は、けっこうあったのでね。

その前後には、ローマの時代もあったし、エジプトの覇権が長かった時代もあったし、いろいろな時代があったわけですが、中国が覇権を握《にぎ》っていた時代もあったので、中国が再び覇権国家になることは、歴史的にはありうることです。今は中国の人口が世界最大になっているわけですから、世界最大の国家が、工業力や経済力を最大に伸《の》ばし、政治力、外交力をつけてくれば、最大の覇権国家になってくる可能性は十分にあるね。

アメリカも、三億人ばかりの人口で、中国の十三億人を相手にしていることについては、そうとうな圧力を感じていると思いますよ。十億人も向こうが多いんですからね。「人間の価値は平等だ」として、株価の合計で会社の値段が決まるのと同じように考えるなら、向こうの国の値打ちのほうが高くなってしまいますからね。

「アメリカ人の人権は、ほかの国の人の百人分に相当する」というような理屈《りくつ》が通るのでなければ、だんだん、そのように中国の値打ちのほうが高くなっていくため、はっきり言って、アメリカは中国に押《お》されていると思いますね。うーん。いや、「中国恐るべし」だと思いますよ。だから、中華帝国《ちゅうかていこく》の発展の可能性は、まだ十分にありますね。

日本を北朝鮮《きたちょうせん》化し、アメリカに対する「盾《たて》」にしようとしている中国

立木　その意味では、やはり、日本が頑張《がんば》らなくてはいけないと思うのですが、日本は、国力を増していくために、文明の最先端《さいせんたん》を行かなくてはなりません。新しい技術や考え方によって、イノベーションを生み出していくためには、教育のなかでも、高等教育のところが非常に重要になるのではないかと思います。

ところが、これまでの日本を振《ふ》り返ってみると、その部分がまだ弱く、いま一つ十分ではないところがあります。日本の高等教育について、空海様は、どのよ

うにご覧になっているのでしょうか。

また、リーダーの養成や選び方においても、従来の日本には問題があり、この問題は先の日米戦争でも現れてきたと思います。今も、日本の政治が混迷している一因として、「リーダーをきちんと選べない」という点がありますので、リーダーの輩出《はいしゅつ》の仕方について、指針がございましたら、お教えいただきたいと思います。


空海　中国の覇権国家性というか、膨張《ぼうちょう》政策そのものは、今、基本的な流れなので、そう簡単には止《と》められないと思います。

日本の防衛を考えている、あなたがたにとっては信じがたいことでしょうが、中国は、基本的に、日本を北朝鮮《きたちょうせん》化することを考えているんです。

アメリカや韓国《かんこく》、日本から中国が攻《せ》められるときの盾《たて》代わりとして、北朝鮮が使われているように、日本を中国文化圏《けん》に引き込《こ》んで、アメリカに対する「盾」に使おうとしています。

要するに、中国は、日米同盟を終わらせ、日本を使ってアメリカに対する防衛をしようとしているわけですね。中国にとっては、日本で戦いを起こし、怪獣《かいじゅう》映画の「ゴジラ」のように、日本の都市が目茶苦茶になっても構わないので、「日本を前哨戦《ぜんしょうせん》に使いたい。北朝鮮の代わりに盾として使いたい」というのが、実は中国の国家戦略なのです。

中国は民主党政権下にある日本の取り込みに入っています。経済的な利益をあげながら、思想的にも取り込んでいって、一体化を進めようとしているわけです。そのため、財界のほうも巻き込んでいき、だんだん、そのようにシフトしてきていたのですが、今は綱引《つなひ》きの綱が少し戻《もど》されようとしているところですね。

したがって、あなたがたが中国の危険性を訴《うった》えたことには意味があったわけです。

ただ、「日本は基本的に北朝鮮化されようとしている」ということだけは、はっきり知っておいたほうがいいですよ。

立木　はい。

マスコミが三流で、世界の情勢に疎《うと》い日本

空海　その理由の一つは、先ほど言った教育にありますが、もう一つ、はっきり言って、マスコミが三流ですよ。マスコミが三流なので、世界の情勢について疎《うと》いんです。情勢分析《ぶんせき》が十分ではないと思われます。

英語国民は、全世界で起きている事象について、分析し、戦略を立て、「何をなすべきか」ということを考えております。

ところが、日本人にとっては、アフリカの国で暴動や革命が起き、政変があったところで、もともと、その国の大統領の名前も知りはしないんだから、どうでもよいことでありましょう。アフリカや中東で国同士の戦争や内戦が起きたところで、日本と関係がなければ無関心で、現実に石油の輸入でも止《と》まったら、それで初めて騒《さわ》ぎ始めるぐらいのことでしょうね。

だから、ギリシャがまた経済危機に陥《おちい》り、デモが起きたりしていても、日本にとっては対岸の火事で、あまり気にもしていないところはありますね。

このような日本人に、世界についての視野を持たせなくてはなりません。その意味では、マスコミが、もう一段、進化しなければいけないんですよ。

日本では、「世界情勢の大事な部分を報道しない」という、徹底《てってい》的な鎖国《さこく》状態が相変わらず続いており、これは、ある意味で江戸《えど》時代と似ているかな。「長崎《ながさき》の出島《でじま》を通じてしか、外国の情報が得られない。一部の人は、その情報を知ってはいるが、それを一般《いっぱん》の人には知らしむべきではない」というような状況《じょうきょう》に、やや近いでしょうかね。

だから、もう少し、勇気を持って、世界へ出ていかなくてはならないんだけれども、壁《かべ》になっているのが言語であることは事実です。「日本語を話しているのは日本人しかいない」というところですね。

日本語は世界言語になっていないため、日本の国内で、素晴《すば》らしい発明や発見等があったときに、今で言う知的財産権を防衛するに当たって、日本語は役に立っているでしょう。「外国人には、日本で起きたことを学び取るのに時間がかかるので、日本の発明や発見を取られにくい」という意味では、日本語はいいと思います。

しかし、逆に、外国から何かを学んだり、日本から外国に情報を発信したりする際には、言語的に非常に不便に働いているところはあるわけですね。

日本は外国語教育にもっと力を入れよ

日本では外国語教育がアジアの諸国に比べても遅《おく》れていますね。これは、やはり、恥《は》ずかしいことの一つかと思います。

もちろん、英語が話せる人も必要ですし、中国語なら中国語でガンガン議論ができる人も持っていなければいけません。観光ができる程度の語学力のレベルであっては、激論ができませんからね。

アメリカ系も中国系も、みな、そういう論争ができる人種なので、何かを言われて黙《だま》ってしまう日本人では駄目《だめ》なんですよ。やはり、言い返せるだけの知力と言語力が必要です。

そういうところについて、日本人は、もう一段、努力しないといけません。一生懸命《いっしょうけんめい》、英語などの外国語を勉強しているわりには、内容的にロスが多いように見えますね。

立木　頑張ってまいります。

空海　中国が「敵対国だ」と思っているアメリカへの、中国からの留学生は、日本より、よほど多くなっているでしょう。相手、ライバル、あるいは、「敵」と思われるところを、きちんと研究するのは大事なことなんですが、日本人は、「敵」と思う相手に対して、もう見向きもしないようになる傾向《けいこう》があります。すぐ、そうなるんです。これでは心が狭《せま》いと思いますね。

英語圏や中国語圏については、当然、勉強しなくてはいけませんが、もう一つ、勉強する必要があるのはアラビア語圏でしょうね。これについては、一部の研究者がいるだけで、ほとんど情報鎖国の状態にあり、アラビア語圏での出来事について、十分に対応できないでいるのではないでしょうか。

そうした語学的なところで、日本には、もう一段、「教育の戦略性」が必要なのではないかと思う。

外務省から海外に派遣《はけん》する人も、「派遣先の特殊《とくしゅ》言語を話せない人が外交官として行かなくてはならない」というような状況になっているので、やはり、もう一段の特殊教育が必要ですね。

立木　はい。「海外に対して視野を広げ、語学教育をしっかりと行っていくことが大事である」ということですね。

空海　イスラム圏は、基本的に「親日的」なんですよ。だから、日本のバックアップ勢力として取り込める余地はあるんですが、日本のほうがイスラム圏に関心を持っていないのです。関心を持っているのは石油に対してだけで、それ以外には関心がないんですよ。彼らの文化にも関心がなければ、考え方にも関心がなく、「学ぶことはない」と思っているんですね。

このイスラム圏については、日本が窓口になって、他の文化圏との交流などを上手にやれるといいですね。このイスラム圏の力と、中華帝国の野望とを、多少、拮抗《きっこう》させなくてはいけないのです。

立木　そうですね。はい。

アラビア圏《けん》やアフリカ圏の精神的指導者になれ

空海　中華帝国の弱点は、要するに、人口が多すぎることです。それが、強みではあるけれども、弱点でもあるのです。

「人口が多い」ということは、「食料や資源を大量に必要とする」ということですが、食料や資源が足りなくなると、国民が生きていけなくなるので、当然のように軍事的帝国主義が発生して、他の国を占領《せんりょう》し始めます。

だから、中国には先の日本を責める資格はないのであり、同じことが必ず起きてきますね。やはり、石油を取りに行き始めるし、鉱物資源を持っているところも占領に行く。石油や資源を求めて、アジアの次には、アラビア圏《けん》やアフリカ圏の支配に入っていこうとするでしょう。

かつてのヨーロッパがやったことと同じことをやろうとする傾向が、次の〝チンギス・ハン戦略〟から出てくるはずですね（注。中国の次期国家主席に内定している習近平《しゅうきんぺい》氏の過去世《かこぜ》は、モンゴル帝国の基礎《きそ》を築いたチンギス・ハンである。『世界皇帝をめざす男』〔幸福実現党刊〕参照）。

それを読み取って、日本のほうは、あらかじめ、打つべき手を打たなければならない。

日本は、そのように中国に支配されそうなところとの外交を、もう一段、強めていかなければ駄目です。だから、アラビア圏やアフリカ圏等と友好関係を結び、思想的に、彼らのメンター、精神的指導者になっていく道をつくっておいたほうが、防衛にはよろしいでしょうね。

アメリカなのか、日本なのか、台湾《たいわん》なのか、アジアのどこかの国なのかは分かりませんが、最終的には、中国は必ず戦争を仕掛《しか》けます。必ず戦争をすると私は思います。

その際、中国に勝ち戦《いくさ》の快進撃《かいしんげき》をさせないようにしなくてはいけません。やはり、出鼻をくじかなくてはいけないんですね。

「最初に出鼻をくじき、中国の国民に帝国主義に対する疑心暗鬼《ぎしんあんき》を生じさせる。全体主義的な軍事国家体制を崩《くず》し、もう少し多元的な国家、すなわち、意見が数多く出て議論ができるような国家にするべく、中国に対して解体をかけていく」ということが必要です。基本的な戦略は、これだと思う。

中国による軍事的な進出や侵略《しんりゃく》は絶対に始まると思いますけれども、その初戦、最初の戦いに勝ち、数年の間《あいだ》で向こうを敗退させる必要がある。

そのためには、侵略の予定を立てている中国に対し、それを撃退する方法や戦略を、すでに持っていなくてはいけないと思いますね。

「日本の骨抜《ほね》《ぬ》き化」が中国の重要戦略の一つ

だから、沖縄《おきなわ》で、ただただ、「米軍は出て行け」と訴えている、日本人の頭の悪さを、中国は大いに喜んでいたと思います。

その沖縄で、県知事選挙の際に、そういう米軍基地反対運動が起きてから、まだ一年たたないのではないですか。沖縄で県知事選挙があったのは、去年（二〇一〇年）でしたか、今年でしたか。

立木　去年の秋です。

空海　去年の秋でしたか。

立木　はい。

空海　あれから、まだ一年もたっていない時期ですけれども、今、東南アジアの諸国は……。

立木　ええ。南シナ海で……。

空海　南シナ海をめぐって、中国と対立していますよね。

　フィリピンは海の名前まで変えて中国に対抗しています。要するに、「南シナ海」という名前だと、「中国の海だ」という理由で中国に取られてしまうことを恐れたんですね。

　要するに、中国は、イナゴの大群のように、とにかく資源を取りに行くのです。オーストラリアを取ったとしても、まだ物足りず、南米も取りに行きたいでしょうし、さらには、中東などの石油からアフリカの鉱物資源まで、全部を取るつもりでいるのです。

　要《い》らないのは資源がない所だけです。だから、中国にとって、ヨーロッパは要らなくて、どうでもいいんですよ。それ以外の所が欲しいのに、それをアメリカの第七艦隊《かんたい》が邪魔《じゃま》しているので、これを何とかして排除《はいじょ》したいところなんですよね。

立木　はい。

空海　そのための重要な戦略の一つが「日本の骨抜《ほねぬ》き化」です。

あと、「香港《ホンコン》を使って、うまく騙《だま》し、台湾を取る」ということも、次の重要な作戦ですよね。そして、台湾や香港が繁栄《はんえい》を続けているように見せて、アジアの諸国を取っていきます。「中華圏に入ったら、繁栄するぞ」というかたちで騙すことを、基本戦略にしていると思うんです。

だから、日本が経済的に衰退《すいたい》して、「中国のほうが日本より上ですね」というような状態に持っていかれ、それを世界の人々に認めさせてしまうことは、いけないことだと思うんですよ。

やはり、日本は、経済的な優位性を取り戻さなければいけない。これが、世界の平和を保つ大事な方法になると思いますね。

立木　はい。経済政策においては、しっかりと、そのように訴えてまいります。

5 マスコミに「宗教の優位性」を示せ

空海　あなたがたが行《おこな》っていることは、基本的に間違《まちが》っていないので、いくら頭の悪いマスコミや日本国民でも、おそらく、数年以内には、追いついてくるというか、理解するだろうと思います。

マスコミは自分たちを賢《かしこ》いと思っています。

マスコミが、政治家について、あれだけ悪口を書けるのは、「彼らよりは自分たちのほうが賢い」と思っているからですね。自分たちのほうが専門家だと思っているのです。「彼らは、勉強する時間もなく、選挙で票を取るために頭を下げて回っているだけだ。ただただ、営業員のように頭を下げているだけで、勉強していないけれども、自分たちは勉強している」と思っているんですね。

だから、やはり、「知的な意味において、宗教の優位性も必要ではないか」と私は思いますよ。「マスコミに対して、オピニオン性で勝てる宗教がある」ということは、非常に大事なことだと思うし、われらの時代の仏教は、そうであったのです。

平安時代だろうが、奈良《なら》時代だろうが、インドの仏陀《ぶっだ》の時代だろうが、中国で仏教が流行《はや》った時代であろうが、オピニオン性というか、思想性や見識、認識力においては、政治家よりも僧侶《そうりょ》のほうが上であった時代が、けっこう長いんですから。

立木　そうですね。

空海　今、幸福の科学は、そういう可能性のある唯一《ゆいいつ》の宗教なので、見識やオピニオン性において、リーダーたるべく行くのも、一つの道だと思いますね。

立木　その方法を、しっかり追求したいと思っています。

空海　ええ。だから、しっかり勉強なさって、彼らの肝《きも》が冷えるようなことを、どんどん言い続けることが大事ですね。

政党も「最後はトップ一人の責任」でしょうから、やはり、党首がどれだけ勉強しているかが大事ですね。しっかり勉強を続けて、マスコミがヒヤッとするようなことを言えなければいけません。

もっとも、勉強したことを、ただただ難しく話すというのも、またいけなくて、それを一般《いっぱん》の人に分かる言葉に置き換《か》えていく技術を磨《みが》いていかなければならないんですね。

「要するに、こういうことなんだ」ということが分かるように、目で見て分かるような言葉、耳で聞いて分かるような言葉に置き換えていく力、大事な核心《かくしん》的部分を、分かりやすく言い換えていける力を、身につけることが大事です。

立木　はい。頑張《がんば》ってまいります。ありがとうございます。

空海　うん。

Chapter3

「宗教パワー」と「この世的能力」の両立を

1 「宗教政党への偏見《へんけん》」をいかに打ち破るか

〝空中戦〟に頼《たよ》り、やや楽をしているように見える

佐藤　本日は、ご指導、まことにありがとうございます。私《わたくし》のほうからは、少し政策から離《はな》れ、宗教活動全般《ぜんぱん》について質問させていただきたいと思います。

幸福実現党は、立党以来、この二年間で、衆院選と参院選、各補選、また、統一地方選と、さまざまな選挙戦を戦ってきました。そのなかで、どうしても聞こえてくるのが、宗教政党への偏見《へんけん》です。ある調査によると、「なぜ幸福実現党を支持しないのか」という質問に対し、「宗教政党だから」という回答が最も多かったとのことです。

こうした宗教政党への偏見をなくしていくためには、根本的には、やはり、宗教そのものへの偏見をなくしていかなければならないし、そのためには、幸福の科学のことを、もっともっと多くの方々に知っていただかなければならないと感じております。

そこで、空海様から、宗教と政治をさらに一体化させた活動をしていくためのアドバイスを頂ければと思います。

空海　それについては、やはり、「宗教団体として過去二十五年やってきたが、その本体のほうの基盤《きばん》づくりがまだ弱かった」と言うべきでしょうね。

まだ、本当の意味での信者で組織が固められていないし、教えも十分に広げられていません。ＰＲレベルの空中戦的な戦いをやってはきたけれども、現実に一人ひとりを信者に変えていく力、すなわち、言論でもって相手を説得し、納得《なっとく》させていく力が弱い。

昔は、現代のように宣伝広告をする手段がなかったので、過去の歴史的な宗教においては、「口伝えによって、教えの内容を説得していく」という流れが主流でしたのでね。

だから、やや楽をしているところがあるのではないでしょうか。要するに、根《こん》本《ぽん》の問題は、「幸福の科学自体の支持層固めが足りていない」ということです。「幸福の科学のことを知っている人はいる。しかし、マスコミは、宗教について悪いことは報道するけれども、いいことは報道しないので、悪いほうからの知り方が、どうしても多くなる」ということですね。それに対抗《たいこう》するには、「自前のメディアで宣伝する」というのが一つの方法ですが、それは、まだ、一般メディアに比べ、力的には十分に弱いですね。

幸福実現党には「この世的な力」が足りていない

「宗教政党だから応援《おうえん》してくれない」と言っても、すでにある公明党は、常時四パーセントか五パーセントぐらいの支持率は取っています。

ただ、「母体の創価学会は、宗教ではない」と言えば、そうかもしれません。創価学会は、もともと宗教ではなく、本山《ほんざん》を護《まも》るための在家《ざいけ》団体でした。そのため、宗教性が薄《うす》く、この世的な運動を中心にやっているために、この世に対する適性が高いのでしょうが、ほかの宗教をまねしてみても、宗教としては、うまくいっていませんね。

その意味では、あなたがたには宗教性があるのだと思いますよ。

これが、創価学会ではなく、かつての本山である日蓮正宗《にちれんしょうしゅう》のほうが選挙運動をしたならば、おそらく、あなたがたほど、うまくはいかないでしょう。もし、彼らが言うとおり、何百万人もの公称《こうしょう》信者が本当にいたとしても、宗教としては、信者を選挙の運動員に使ったりすることは、なかなかできないものです。いや、実際にできないでしょう。それは動いてくれないからですね。「われわれは、お墓に入って供養《くよう》してもらうために信者になっているのであって、選挙の運動員として使われるために信者をやっているわけではない」と言われるでしょうから、信者がいくらいても使えない。

それは、曹洞宗《そうとうしゅう》であろうと、ほかの宗派であろうと同じだろうね。「大教団《きょうだん》だ」と言っても、実際は、比例選のような全国的な選挙で、一名や二名を通すぐらいが精いっぱいの団体がほとんどですよね。

要するに、公明党というのは、この世的な組織のところ、つまり、宗教ではない部分で、ある程度、力をつけた政党だね。それが一つある。

もう一つ、宗教政党に似たものがあるとしたら、やはり共産党系だね。

マルクス・レーニン主義というのは一種の「宗教の代替物《だいたいぶつ》」であり、共産党は、その〝教義〟の宣伝のためにつくられた政党なのです。彼らは、〝教義〟を宣伝するための機関紙や月刊誌、書籍《しょせき》などをたくさん出し、「社会科学」と称しながら、それらを広げていますが、これを一種の宗教として見れば、実際は、宗教的な伝道とまったく同じスタイルをとっていますね。

共産党も、あなたがたと、あちこちでライバル関係になっている政党だと思いますが、マルクス主義自体、あなたがたの霊的なリーディングによって、邪神性《じゃしんせい》を帯びたものであることが、すでに明らかになっている（『マルクス・毛沢東《もうたくとう》のスピリチュアル・メッセージ』〔幸福の科学出版刊〕参照）。

だから、「邪神性を帯びたところが現実的な力を持っていて、そうでないところが力を持てていない」というのは、情けないことではあるね。要するに、「この世的な力がまだ足りていない」ということだね。やはり、この世的な力をつくり、そこを破っていかなければいけない。

「仏の悲願成就《ひがんじょうじゅ》」という大望《たいもう》の下《もと》で、企業家《きぎょうか》的能力を発揮せよ

それは、この世的に言えば、「企業家《きぎょうか》的な能力を転用する」ということでもある。一つにはね。さらに、国丸ごとになると、企業家的な能力を超《こ》えて、軍事的な才能とも関係してくると思うんですよ。

例えば、マホメット（ムハンマド）という人は、軍事もやって国を制圧し、イスラム教を国教化してしまった。そういう例もあるわけですから、宗教家であっても、軍事的な才能を兼《か》ね備えるような場合はある。マホメットは、もともと商人であり、商才もあったわけですから、経済と軍事の両方が見えた宗教家であったわけですね。

あなたがたの信仰《しんこう》の対象のなかには、ヘルメス神［注1］のように、商業や軍

事を司《つかさど》っている神もいるわけなので、そうした才能を引き出すことができれば、十分、生きてくるはずです。だから、基本的には、弟子《でし》の運営的な能力が落ちるのだと私は思います。

この世的な運営能力の上下《じょうげ》は、精神的な正しさとは関係しないところがありますよ。例えば、企業家であれば、欲望の強い者のほうが、企業を大きくする力は強いでしょう？　したがって、「頭を剃《そ》って坊《ぼう》さんになってもらえばいいか」と言えば、必ずしもそうではなく、実際は、欲のある人のほうが、企業では勝つことがあるね。

ただ、あなたがたの場合は、「聖なる大望《たいもう》」でなければならないだろうと思う。普通《ふつう》の企業であれば、セールス活動や販売促進《はんばいそくしん》、生産活動、売り上げ増大に当たるようなことなのかもしれないけれども、やはりそれを、「仏の悲願《ひがん》の成就《じょうじゅ》」という聖なる看板、錦《にしき》の御旗《みはた》の下《もと》で、もう少し宗教的にやらなければいけないわけだね。

まだ本当の信仰《しんこう》団体になりえていない幸福の科学

やはり、本体である宗教そのものが、もう一段の伝道パワーを持ち、相手の人格を惹《ひ》き付けてやまない団体にならなければいけない。現時点では、「信仰《しんこう》を思想的には勉強していますが、政治活動のほうは別です」という感じで済ませている信者が、そうとういると思うんですね。要するに、「本だけ読めれば十分です」というような人がたくさんいるわけですよ。現実にはね。

したがって、信者を、もう少し、全人格的に取り込《こ》んでいく必要があると思います。ここが、まだ本当の信仰団体になりえていないところだね。

まあ、とても言いにくいけれども、やはり、「弟子たちの『将』としての力がまだ足りていない」ということは間違《まちが》いないでしょうね。政党が勝てない責任を教団のほうに振《ふ》るとすれば、「もっと確固とした鉄の組織をつくり上げなければ駄目《だめ》だ」ということですね。

一方、政党に対して言えば、「『この政党に任せたら、どうなるのか』という姿が、もっとはっきり見えないといけない」ということでしょうね。

立木　そのへんを、しっかり実感していただけるようにしたいと思います。

空海　うーん。

佐藤　私《わたくし》たちは、「宗教としての当会の弱点を明らかにしたのが、一連の選挙であったのならば、その弱点を克服《こくふく》していくのは、政党の役割である」と捉《とら》え、本当に肚《はら》をくって、活動させていただきたいと思っております。

言論戦によって、「宗教イコール悪」という図式を逆転させよ

空海　ただ、日本の政治は、振り子のように逆から逆に振れるので、今は「宗教だから駄目だ」と言っていても、その逆に振れる時期は必ず来ます。世間の人たちが、「宗教政党であることは弱点だ」と思っているのを、どんでん返しで引っ繰《く》り返してしまったら、そのときのパワーは、今度は大きいですよ。

あなたがたは、日本国中に、ある意味での精神革命を起こそうとしているわけだが、政党に対して抵抗《ていこう》が出てくるのは、おそらく、「実は、政治を使って布教《ふきょう》しようとしているのだろう」と裏読みされているからだと思うんですね。

同じく、マスコミ関係者が、幸福実現党のことを伝えようとしないのも、「布教活動に政治を使おうとしているのだろう」と読んでいるからです。

それで、「なぜ、宗教が政治活動をしてはいけないのか」と訊《き》くと、彼らは、

「宗教を人々に押《お》し付けることになる」「宗教が権力と結びつくと、悪いことが起きる」などと答えるわけですが、そういう悪い予感のもとにあるのは、「宗教イコール悪」という図式です。根本にあるのは、本当はこれです。

しかし、「宗教は善なるものである」と考えている国から見たならば、「宗教が母体になって政党をつくり、政治活動をすることこそ、民主主義のあるべき姿だ。やはり多様な意見を反映すべきであるし、信仰のない国家になろうとしている日本において、宗教が、『信仰のある政治をしよう』と言っているのは、民主主義として当然あって然《しか》るべきことだ」という考えが出てくるわけです。

ですから、これは一種の思想戦であり言論戦です。ここは、やはり、戦後の総決算として、逆転しなければならないところですね。

ただ、政治の方面だけで有力者を取り込んだとしても、信仰のほうでつながらないと、基本的には根づかない部分があります。したがって、日本だけでなく、海外においてもそうですが、宗教団体である幸福の科学のほうに、「この世的な有力者を取り込んでいく力」が必要ですね。世間の評価が固まって揺《ゆ》らがないような有力者を取り込んでいくだけの力が、今、必要とされていると思います。

佐藤　ありがとうございます。信仰心や宗教パワーをもっともっと身につけて、教勢、党勢をどんどん広げていきたいと思います。

2　選挙に勝利するためのポイント

「伝道型組織」への脱皮《だっぴ》が鍵《かぎ》

佐藤　空海様におかれましては、信者たちが足しげく巡礼《じゅんれい》を繰《く》り返す「お遍路《へんろ》」というシステムを発明することで、四国に大きな結界をつくっていかれたと思います。そこで、宗教としての結界の結び方・強め方について、アドバイスを頂ければと思います。

空海　私はね、まあ……、選挙をやるのでしたら、やはり、支部の数だと私は思いますね。ずばり、支部の数です。間違《まちが》いないです。

伝統的な宗教では、どの宗派も一万ぐらいのお寺を持っていますが、お寺を政治活動に使うのは非常に難しいかたちになっていると思います。しかし、あえて祭政一致《さいせいいっち》で怯《ひる》まないつもりでいるのであれば、ある程度の人口がいる所に支部を展開していき、「教育も政治も一緒《いっしょ》です」というかたちで、やってしまえばいいのです。

「コンビニ型宗教」ではないかもしれませんが、そのくらいまで広げていくだけの根性《こんじょう》が必要でしょうね。今、布教所《ふきょうじょ》などはあると思いますけれども、そうではなく、コンビニがあるぐらいまで本当に支部を広げることができたら、選挙で勝てますよ。

佐藤　以前は、私たちも伝道に対して誤解しており、どうしても、「信者がいるから支部を建てる」という発想になっていました。しかし、今後は、「何もないゼロのところに、伝道に対する強い念《おも》いを持った人間を送り込《こ》み、磁石のごとく多くの方々を惹《ひ》き付けて、そこに支部をつくっていく」という開拓《かいたく》伝道をしていきたいと考えております。

空海　それは、もう、この二十数年間続いていることでしょう？　今まで、弟子《でし》を送って大きくなることはなかったので、ほとんど、税務署を設置するのと同じような仕事になっていたと思います。「信者が増えたので、〝税務署〟を設置して〝集金〟する」というのが、実は支部活動であったはずであり、伝道型の組織にはなっていなかったのではないでしょうか。

伝道型組織になったのは、実は海外のほうだろうと思いますね。やはり、このへんは、基本的に、「事業経営的な意味におけるトータル戦略を描《えが》けるか」という、「戦略家としての才能の問題」になりますね。

政治に進出するのであれば、次は、国家の経営にまで入らなければいけない。つまり、もっと大きな組織の運営ができなければいけないので、このあたりで躓《つまず》いているようでは駄目《だめ》だと思いますね。

今は、もう少し単純化しなければいけないんですよ。お金ができれば、迷わず、どんどん支部をつくっていく。それで、支部長を置いたら、「とにかく信者を増やしなさい。信者を増やし、とにかく深い信者にしていきなさい」と言って、伝道させないと駄目だと思いますね。

要するに、まだ、本の読者をつくるぐらいの伝道で止まっているんですよ。読書会員で止まっているのは、中国だけではないのです。日本もそうです。信者であっても、〝読書会員〟として、一般《いっぱん》読者と変わらない次元で生きている人がけっこう多いんですね。これは、やはり、弟子の教育法にまだ誤りがあるのではないでしょうか。

佐藤　大川総裁より、「地の果てまでも伝道せよ。」と教えていただいておりますので、本気になって、地に足を着けた伝道をしていきたいと思います。

「奥《おく》の深さ」と「広げていく力」の両方が必要

佐藤　もう一つ、質問させていただきます。

非常に申し上げにくいのですが、空海様の弟子筋に、堕落《だらく》して、死後、地獄《じごく》に転落した僧侶《そうりょ》がいます。

空海　はい。

佐藤　覚鑁《かくばん》［注2］という人ですが、今、彼は悪魔《あくま》となって、幸福の科学の救世活動に対して妨害《ぼうがい》をしてきています。この覚鑁の弱点や封《ふう》じ込めるポイントなどについて、アドバイスを頂ければと思います。

空海　うーん。まあ、それは、どの宗教にもあることではあるのでね。キリスト教にも悪魔はたくさん出ているし、仏教系にも悪魔はいるし、当然、イスラム教系にもいる。間違いというものは、いくらでも起こせるので、そういう人が出てくることはある。

真言《しんごん》密教で言えば、先ほど言った「即身成仏《そくしんじょうぶつ》」の教えが難しいところですよ。例えば、お釈迦《しゃか》様が即身成仏されたことは、ほぼ間違いない。生きている人間として修行《しゅぎょう》しておりながら、仏になった方だからね。仏教は、目に見えない、天にいる仏を拝んでいたわけではない。

確かに、釈迦如来《しゃかにょらい》や阿弥陀如来《あみだにょらい》、大日如来《だいにちにょらい》など、西洋の神のようなものも現実には存在していますが、歴史的には、生きていた人間が、悟《さと》りを開いて仏になった。要するに、神になったわけですよね。

これは事実であるので、即身成仏という教えが間違っているとは言えないと思うし、私自身としては、「お釈迦様の悟りまでは行かなかったかもしれないが、それに近いところまで覚醒《かくせい》した」という気持ちを持っています。

ただ、私の弟子が、そのレベルまで届かなかったことは事実です。

仏教のなかには、「すべての人が仏になれる」という民主主義的な運動が入っているけれども、それは、「天国と地獄とを分け、天国・天界《てんかい》に還《かえ》れるぐらいの悟りは、すべての人が持つ可能性がある」という意味においては、そのとおりでしょう。

しかし、「誰《だれ》もが同じく、偉大《いだい》な仏陀になれる」というところまで行くと、それは間違いであり、インスタントラーメンの世界に完全に入ってしまいます。やはり、そうは言っても、インスタントラーメンと高級フランス料理とでは違いますからね。だから、「料理の腕《うで》に差があれば、つくれる料理が違う」ということと同じような面は、悟りの世界にもあるわけです。

要するに、「すべての人が仏になれる」という運動を広めることによって、悟りのレベルが下がってしまったところがある。

私自身は、真言密教において、「一定の法力《ほうりき》や霊界《れいかい》の悟りを得た」と思いましたし、そういうことを書物にも書きました。それ自体は、専門家というか、プロの宗教家以外は読み解くことができないほど難しいものではありましたが、真言宗そのものの広がりは、それはそれで、また別にできているわけです。

ですから、難しい教学をしたり、独特の悟りを求めたりする修行所というか、奥《おく》の院《いん》があっても構わないのです。

奥が深いのは、求心力になるのでよいことですが、それと同時に、「広げていく力も必要だ」ということですね。

空海が成功した二つの要因①
「お大師信仰《だいししんこう》」が宗派を超《こ》えて受け入れられたこと

真言宗を広げていった力は、いったい何であったかということですが、そこには、二つの要因が働いていると私は思うんです。

それは、まず、「『お大師信仰《だいししんこう》』というものを日本国民が受け入れた」ということだね。

すなわち、「空海が、日本に生まれた、ある種の仏である」という点に関しては、日本のどの宗派も「お大師信仰」を否定しないというか、みな受け入れる面を持っている。「宗派が違うから受け入れません。お大師様は信じません。空海は信じません」というほどの拒否感《きょひかん》がなく、「お大師様は偉《えら》い」ということは、みな、認めている。ただ、宗派が違うということはありうる。

こういうところまで浸透《しんとう》させたことが、一つにはあるね。

そのもとになったのは、やはり、宗教活動のみならず、人民の救済活動を具体的に行《おこな》ったことだろう。

先ほど言ったように、「満濃池《まんのういけ》からはじまって、築堤《ちくてい》をしたり、橋を架《か》けたり、学校をつくったりして、この世の人々を納得《なっとく》させるような事業を現実に行った。彼らが理解できるような事業を行った」というところが、やはり、大きかっただろうと思う。

したがって、あなたがたも、この世的に見えるところで、人々の救済につながる活動を現実につくっていくことが必要でしょう。それが、敵を減らして味方を増やす方法の一つだと思いますね。

このように、成功の要因の一つとしては、「お大師信仰が、宗派を超《こ》えて普遍《ふへん》的に、日本全体に入ってきている」ということがある。

空海が成功した二つの要因②

土木工学などの「この世的な才能」も持っていたこと

もう一つは、「私に土木工学的な才能があった」ということもありますね。

四国八十八箇所には、弘法大師《こうぼうだいし》空海が建てたお寺と、行基菩薩《ぎょうきぼさつ》が建てたことになっているお寺とが、両方、混在しておりますけれども、宗教家のなかには、こうした〝ゼネコン型宗教家〟がいて、お寺を建てたり、いろいろなものをつくったりしながら教えを広げていくのが得意な人もいるわけですね。

例えば、夢窓疎石《むそうそせき》（室町時代の禅僧《ぜんそう》）なども、やはりゼネコン型であり、お寺を建てるだけでなく、元《げん》との貿易までやっておられました。

あなたがたに、こういう「この世的な能力」があれば、すなわち、本来、企業《きぎょう》家《か》であっても大を成すような人が宗教家をしたならば、そのときに、大きな組織ができるわけです。

念仏宗《ねんぶつしゅう》でいえば、親鸞《しんらん》のときには、広がりが全然なく、ほとんど孤独《こどく》な宗教だったと思います。親鸞は迫害《はくがい》もたくさん受けていますが、「迫害を受ける」というのは、「ものすごく弱い」ということですからね。島流しに遭《あ》うような宗教は、ものすごく弱い宗教です。

しかし、いつの間にか、念仏宗は、一向一揆《いっこういっき》を起こし、信長《のぶなが》や秀吉《ひでよし》とも戦うぐらいの力を持つようになっていくわけですから、時の流れには、すごい力があるけれども、そのもとは、「八代目の教祖の蓮如《れんにょ》が百万人教団をつくった」ということでしたよね。

蓮如が百万人教団をつくれた理由として、まず、彼の行動力、精力的な活動が挙げられます。それから、現代でいえば、インターネットや携帯《けいたい》電話に当たるのかもしれませんが、「御文《おふみ》」による連絡網《れんらくもう》をつくり、教祖の考え方を上手に伝えて信者を一丸《いちがん》とさせたことが大きいと思います。これが、戦国武将と戦うほどの力を生んだわけです。

ちなみに、念仏宗には、「来世《らいせ》があり、戦って死んでも極楽浄土《ごくらくじょうど》へ行ける」という思想がありますが、これは、もうイスラム教とほとんど同じです。イスラム教には、「アッラーのために戦って死んでも、天国へ行ける」という思想があるので、イスラム教徒は聖戦をやりますけれども、一向宗《いっこうしゅう》にも、似たような考え方があるのです。要するに、阿弥陀さんが救ってくださることになっているから、平気で戦えるわけです。一向一揆を起こした背景には、こういう思想もありましたね。

今、必要なのは「大伝道師」の力

やはり、あなたがたにも、ある程度、この世的な能力が必要です。外部から付け込まれないためというか、批判されないためには、坊《ぼう》さん的なところがあることは大事かと思いますが、あなたがたの仲間のなかに、事業家的能力や企業家的能力を持っている方がいれば、そういう方々の力を惜《お》しみなく使わないと駄目です。これは、少し違う能力なのです。だから、組織の上のほうが、お坊さんばかりで固まったら駄目だと思いますよ。

このへんの力を解き放たなければ駄目です。やはり、人によって才能の差があるのです。

結局、「一人で興《おこ》せる」ということですね。親鸞のときには「弟子一人持たず候《そうろう》」という状態でしたが、八代目の蓮如のとき、その貧しい貧しい浄土真宗のお寺が、突如《とつじょ》、百万人教団をつくっています。しかも、蓮如は、比叡山《ひえいざん》からの迫害をたくさん受けながらも、〝転戦〟して広げていったわけです。やはり、人一人の力というのは、ばかにしたものではありませんね。

だから、今、必要なのは伝道師です。教祖はいますが、伝道師のところが十分ではないのです。要するに、伝道師あるいは大伝道師が必要で、大伝道能力を持った人が出れば、信者を増やすことができるわけです。

それは、政治においても言えることですね。衆議院選挙で当選している人は、少なくとも、七、八万票、あるいは十数万票は取っています。それを見れば、政治家にも、「ちょっとした宗教の教祖」並みの力が必要になることが分かるでしょう。それだけの人を惹き付け、自分に投票させるだけの力は、やはり必要なわけですね。そういう能力を身につけていかなければいけないね。

その意味では、あなたがたも、人気が取れるタイプの人間を愛する傾向《けいこう》を持たなければいけないかもしれませんね。

佐藤　ありがとうございます。

3　密教の奥義《おうぎ》を短期間で体得した理由

お経《きょう》などを暗記すると記憶《きおく》力が上がる

佐藤　もう一つ、お訊《き》きします。
空海様は、入唐求法《にっとうぐほう》をされ、わずか三カ月で密教の奥義《おうぎ》を体得されたとお聞きしております。特に、「『虚空蔵求聞持法《こくうぞうぐもんじほう》』という、一種の記憶術《きおくじゅつ》に長《た》けていた」とのことでございますが、空海様の勉強法のなかで、私たちにも参考になることがあれば、お教えいただきたいと思います。

空海　うーん。あれは、あなたではなかったかかな？　何だか、あなたに教わったような気がする。「虚空蔵求聞持法」は、あなたに教わったのではなかったかな?

佐藤　そうですか……。

空海　ええ。あなたは年上でしたよね?

佐藤　そうですか……。

空海　私が山で修行《しゅぎょう》していたときに出会って、教えてくれたのではありませんか。その記憶法は、あなたが教えてくれたものです。

佐藤　すみません。私のほうは、その記憶法を覚えておりません。

空海　あなたは、その記憶法を失ったのですか。「これを百万回唱えたら、もう何でも暗記できる」と教えてくれたのは、あなたではありませんか。

私は、そのとおり忠実に「虚空蔵求聞持法」を百万回唱えたら、暗記力が増しました。お経《きょう》を暗記すると、確かに記憶力が上がるんですね。

記憶するのは、何でも構わないんですよ。『聖書』であろうが、『古事記』であろうが、『アラビアン・ナイト』であろうが、何であろうとよいのですが、暗記力を磨《みが》けば、記憶力がつくのです。

昔から、インドの人たちは、お経を口伝《くでん》で伝えています。書いたものではなく、口で伝えたものが遺《のこ》っていて、『マハーバーラタ』であろうが、何であろうが、最初から最後まで全部言えますよね。つまり、一定の暗記をして訓練すると、こういう能力は磨けるんです。

確か、勤操《ごんぞう》（質問者の過去世《かこぜ》と思われる）がそれを教えてくれたように思うのですが……。

あなた、今、そんなに落ちぶれて、どうしたんだい？（会場笑）いけませんね。まあ、先生というのは、偉《えら》くならないものですかね。教え子のほうが偉くなるのが、普通《ふつう》なのかね。

留学前に、暗記力と体力を鍛《きた》え、すでに仕込《しこ》みを終えていた

この暗記法を学んで、自信がついたのは事実です。何でもスーッと頭に入ってくる感じがありましたね。

さらに、私は、山野《さんや》を駆《か》け巡《めぐ》って、体力をかなり鍛《きた》えたんですよ。この体力と頭脳の吸収力とは関係があるのです。例えば、受験勉強で一日中勉強していると、

料金受取人払郵便

荏原支店承認

1279

差出有効期間
平成25年11月
30日まで
(切手不要)

1 4 2 - 8 7 9 0
4 5 6

東京都品川区
戸越1丁目6番7号

幸福の科学出版(株)
愛読者アンケート係 行

ご購読ありがとうございました。
お手数ですが、今回ご購読いただいた書籍名をご記入ください。

書籍名

フリガナ お名前	男・女	歳
ご住所 〒 都道府県		
お電話( ) −		
e-mail アドレス		
ご職業 ①会社員 ②会社役員 ③経営者 ④公務員 ⑤教員・研究者 ⑥自営業 ⑦主婦 ⑧学生 ⑨パート・アルバイト ⑩他( )		

ご記入いただきました個人情報については、同意なく他の目的で使用することはございません。ご協力ありがとうございました。

愛読者プレゼント☆アンケート

ご購読ありがとうございました。今後の参考とさせていただきますので、下記の質問にお答えください。抽選で幸福の科学出版の書籍・雑誌をプレゼント致します。(発表は発送をもってかえさせていただきます)

1 本書をどのようにお知りになりましたか。

①新聞広告を見て [朝日・読売・毎日・日経・産経・東京・中日・その他 (　　　　)]
②その他の広告を見て (　　　　)
③書店で見て　④人に勧められて　⑤月刊「ザ・リバティ」を見て
⑥月刊「アー・ユー・ハッピー?」を見て　⑦幸福の科学の小冊子を見て
⑧ラジオ番組「天使のモーニングコール」「元気出せ！ ニッポン」を聴いて
⑨BSTV番組「未来ビジョン」を視て
⑩幸福の科学出版のホームページを見て　⑪その他 (　　　　)

2 本書をお求めの理由は何ですか。

①書名にひかれて　②表紙デザインが気に入った　③内容に興味を持った
④幸福の科学の書籍に興味がある　★お持ちの冊数＿＿＿＿冊

3 本書をどちらで購入されましたか。

①書店 (書店名　　　　) ②インターネット (サイト名　　　　)
③その他 (　　　　)

4 本書へのご意見・ご感想、また今後読みたいテーマを教えてください。

(なお、ご感想を匿名にて広告等に掲載させていただくことがございます)

5 今後、弊社発行のメールマガジンをお送りしてもよろしいですか。

はい (e-mailアドレス　　　　) ・ いいえ

6 今後、読者モニターとして、お電話等でご意見をお伺いしてもよろしいですか。(謝礼として、図書カード等をお送り致します)

はい ・ いいえ

弊社より新刊情報、DMを送らせていただきます。
新刊情報、DMを希望されない方は下記にチェックをお願いします。

DMを希望しない □

しだいに覚えられなくなってくるけれども、実は、スポーツなどをして筋力を鍛えると、再び、学習する能力、吸い取る能力が上がってくるのです。私は、お坊《ぼう》さんにしては、体力がかなりあったと思います。

釈迦《しゃか》の伝道の旅をまねしたというか、国が大きかったのに交通の便が悪かったこともあったのかもしれませんが、四国の山野や高野山《こうやさん》辺りを駆け巡り、体力を鍛えたことが大きかったと思います。

お坊さんというのは、最後は、やはり『大蔵経《だいぞうきょう》』の理解、暗記にまで入ります。これは、普通の受験勉強よりもたいへんな量ですが、私は、体力と暗記力の両方を磨いていたので、それができたのです。

それと、「語学ができた」というのは、ある程度、才能的なものがあるかとは思います。

ただ、私は、潜《もぐ》っていた時期がけっこう長かったので、デビューしたときには、ある程度、仕込《しこ》みが終わっていたことは事実です。

私の生まれ自体は、讃岐《さぬき》、今の香川県《かがわけん》だね。香川県の名士《めいし》の家に生まれた。私の叔父《おじ》は、当時の、何というか、国の教育大臣のようなものかな？　東大総長のほうに近いかな？　そういう大学者を叔父に持っていたので、その人を頼《たよ》って讃岐の国を抜《ぬ》け、奈良《なら》に勉強に行って、若いうちから天才性を発揮していたんだ。

それから、唐へ留学する前に、仏教だけではなく、儒教《じゅきょう》や道教等もかなり教学的に学んでいたし、『大日経《だいにちきょう》』についても、日本にいたとき、すでに久米寺《くめでら》等で出合って勉強していた。唐に行ってデビューしたときに、たちまちにして学んだように見えたのは、日本式の漢文ではあったけれども、すでにお経《きょう》を読んで予習が終わっていたからだね。つまり、発音法やしゃべり方などの訓練さえすれば、たちまちにして、全部、諳《そら》んじることができるような状態ではあった。ただ、語学的な能力が高かったこと自体は事実だと思いますね。

世界宗教を目指すならば「徹底《てってい》的な語学教育」を

お経は、元はマガダ語で説かれたものが、ほかの言語に訳されていったものですから、翻訳《ほんやく》や通訳を通して、ほかの国に広がっていったわけですね。

今、幸福の科学の教えも、ほかの国に広がっていきつつあると思いますが、やはり、翻訳や通訳は必要なものです。それで、けっこう、十分に広がるのです。

翻訳していくなかで、取捨選択《しゅしゃせんたく》がなされ、「何をすれば効果的か」ということが見えてくることがある。教えをそのまま全部伝えても、十分に広がらないところがありますが、翻訳している間《あいだ》に簡略化していくと、教えを広げられるようになるところもあるのです。

言語能力や語学能力と、宗教の伝道とは大きな関係がある。こうした語学能力などが介在《かいざい》しなければ、世界宗教化というのは、まず、ありえないことです。

あなたがたは学校をつくっているようですが、語学教育については、特殊《とくしゅ》言語まで含《ふく》めて、徹底《てってい》的にされたほうがよいと思いますね。

4　主エル・カンターレとの法縁《ほうえん》について

黒川　私のほうからも、一つ質問させていただきます。
弘法大師《こうぼうだいし》空海様は、先ほどおっしゃられたように、お釈迦《しゃか》様に肉薄《にくはく》するような悟《さと》りを得られたと……。

空海　それほど偉《えら》くはないかもしれないけれども、釈迦の菩提樹下《ぼだいじゅげ》の悟りに近いものは得たかなと思っています。

黒川　はい。そしてまた、主エル・カンターレ、大川隆法総裁が降臨される四国に巡礼地《じゅんれいち》をつくられ結界を張られたわけですが、空海様と、主エル・カンターレとのご関係について教えていただければと思います。

空海　関係ですか。うーん。まあ、大川総裁が、「最澄《さいちょう》より空海のほうが好きである」ということは、見ていて分かるでしょうねえ。

日本の歴史では、対等に扱《あつか》われるか、あるいは、最澄のほうが好きな人もいらっしゃるけれども、「空海のほうが好きだ」ということは、明らかに出ていると思います。

それは、「四国」ということと関係があるのかどうか……。まあ、あると思いますが、それよりも、「霊能力《れいのうりょく》の形態などを見ると、やはり、似ているものがある」ということが言えるね。これは何を意味するかというと、過去世《かこぜ》において、何度も宗教家として生まれられたと思いますが、「法縁《ほうえん》がたくさんあった」ということなんですよ。

あるときは、恐縮《きょうしゅく》ながら、私のほうが師匠《ししょう》としてお教えし、師匠より偉くなられたこともあるし、あるいは、私が弟子《でし》の一人として出て、大を成したこともある。形態はいろいろあるんです。

まあ、何か少しは、お答えしなければならないでしょうから、簡単に言うとしたら……。

リエント・アール・クラウド（エル・カンターレの分身の一人）という人が、古代インカにいました。現在、文献《ぶんけん》的には何も遺《のこ》っていないので、現代人にはおそらく分からないと思いますけれども、当時、彼は王様でした。その彼に、神官として、宗教的な秘儀《ひぎ》をいろいろと教えていたのが、私なのです。

まあ、そういうことがありましたし、ほかの時代でも、師弟《してい》関係になり、お互《たが》い、師になったり弟子になったりしております。

私は、あなたが思っている以上に、実は、近いところにいる存在です。お互いに、何度も、「霊的な覚醒《かくせい》を促《うなが》す」という関係になっております。

ですから、今回は、先払《さきばら》いというか、露払《つゆはら》いとして、四国の地に下りたものだと私は思っておりますけれどもね。

黒川　本日は、ご指導を賜《たまわ》り、本当にありがとうございました。必ず宗教立国を成し遂《と》げ、主の理想を実現してまいりたいと思います。

〔注1〕ヘルメスは、地球の至高神「エル・カンターレ」の分身の一人。九次元存在。約四千三百年前のギリシャに生まれ、地中海文明の基礎をつくった。『愛は風の如く①～④』、『愛から祈りへ』、『信仰のすすめ』〔いずれも幸福の科学出版刊〕参照。

〔注2〕覚鑁は、平安時代後期の密教僧《そう》。高野山金剛峯寺《こんごうぶじ》の座主《ざす》であったが、真言《しんごん》を唱えるだけで即身成仏《そくしんじょうぶつ》できるとする急進的な密教念仏を推進。やがて、高野山から追放され、根来《ねごろ》にて新義《しんぎ》真言宗を開いた。『黄金の法』第4章、『エクソシスト入門』第2部第1章〔共に幸福の科学出版刊〕参照。

エピローグ

立木　最後に、一点だけ、お訊《き》きします。今日の御収録のサブタイトルは、「菅《かん》さんに四国巡礼《じゅんれい》を禁ずる法」となっていますが、空海様は、このようにお考えになっていると受け取って、よろしいでしょうか。

空海　私は、彼に対して、「自分に権威《けんい》を与《あた》えるために、私の名を使わないでほしいし、『四国巡礼をしたから、自分の罪はすべて許された』というようなことを言うために、真言宗《しんごんしゅう》を使ってほしくない」と思っています。また、「幸福の科学の聖地を穢《けが》してほしくない」という気持ちも持っています。

もし、巡礼したいのであれば、今度は、どうぞ、外国に行ってください。シルクロードにでも行って、核実験《かくじっけん》地帯を〝巡礼〟してくだされば、よろしいのではないでしょうかね。

もう一回、彼のために使われるのはもう結構です。だから、四国巡礼を満行《まんぎょう》しなくて結構です。

菅さん自身が人生を満行できているとは思えないので、「八十八箇所、回らなくて結構です」と言っておきたい。

要するに、「私、空海は四国巡礼を禁じる。それを破った場合には、何かの天《てん》罰《ばつ》が落ちても知りませんよ」ということです。はい。

立木　その点をしっかり伝えてまいります。

空海　はい。

立木　本当にありがとうございました。

あとがき

現代語ではあるが、空海は明快、痛快《つうかい》に現代政治について語ってくれた。彼もまた、宗教と政治の両面についての天才である魂であるとともに、現代の人々の抜苦与楽《ばっくよらく》、救済《きゅうさい》に、強い関心を持っている如来《にょらい》である。

どうか、空海の名を悪用、援用《えんよう》して、反近代、反文明路線に日本を引き戻すのはやめて頂きたいものだ。平安時代にあっては、彼は一種の未来人でもあり、新文明推進論者であって、生命《せいめい》の大海を輝かせることを目指したのだから。

二〇一一年　六月二十八日

幸福《こうふく》の科学《かがく》グループ創始者兼総裁《そうししゃけんそうさい》
幸福実現党創立者兼党名誉総裁《こうふくじつげんとうそうりつしゃけんとうめいよそうさい》　大川隆法《おおかわりゅうほう》

『もし空海が民主党政権を見たら何というか』大川隆法著作関連書籍

『最大幸福社会の実現』――天照大神の緊急神示――（幸福の科学出版刊）
『マルクス・毛沢東のスピリチュアル・メッセージ』（同右）
『世界皇帝をめざす男』（幸福実現党刊）

もし空海《くうかい》が民主党政権《みんしゅとうせいけん》を見《み》たら何《なん》というか
——菅さんに四国巡礼を禁ずる法——

2011年7月27日　初版第1刷

著　者　　大《おお》 川《かわ》 隆《りゅう》 法《ほう》

発　行　　幸福実現党
〒104-0061 東京都中央区銀座2丁目2番19号
TEL(03)3535-3777

発　売　　幸福の科学出版株式会社
〒142-0041 東京都品川区戸越1丁目6番7号
TEL(03)6384-3777
http://www.irhpress.co.jp/

印刷・製本　株式会社 東京研文社

落丁・乱丁本はおとりかえいたします

ISBN978-4-86395-141-9 C0030
Photo: 松岡徳次郎

幸福実現党

公開対談
日本の未来はここにあり

正論を貫く幸福実現党

大川隆法　著

時代に先駆け、勇気ある正論を訴える幸福実現党の名誉総裁と党首が公開対談。震災、経済不況、外交危機を打開する方策を語る。

1,200円

平和への決断

国防なくして繁栄なし

大川隆法　著

軍備拡張を続ける中国。財政赤字に苦しみ、アジアから引いていくアメリカ。世界の潮流が変わる今、日本人が「決断」すべきこととは。

1,500円

震災復興への道

日本復活の未来ビジョン

大川隆法　著

東日本大震災以降、矢継ぎ早に説かれた日本復活のための指針。今の日本に最も必要な、救世の一書を贈る。

1,400円

発行　幸福実現党
発売　幸福の科学出版株式会社

※表示価格は本体価格（税別）です。

もし諸葛孔明が日本の総理ならどうするか？

公開霊言
天才軍師が語る外交＆防衛戦略

大川隆法　著

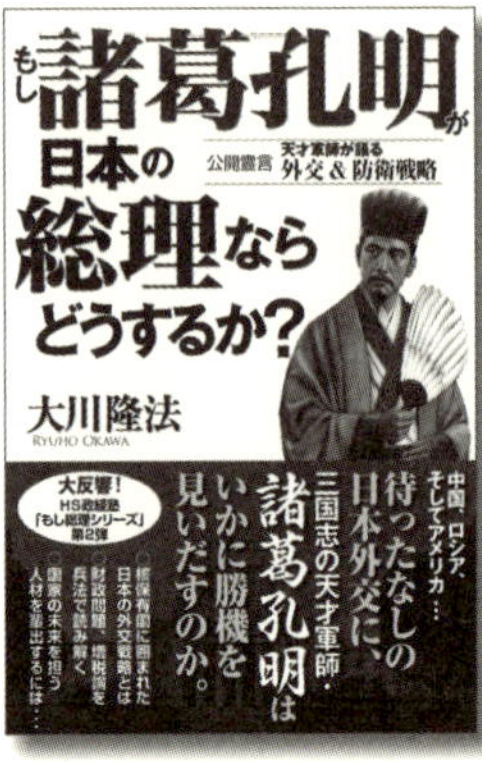

激変する世界潮流のなかで、国益も国民も守れない日本の外交・国防の体たらくに、あの諸葛孔明が一喝する。

Chapter1 今、日本に必要な国防・外交戦略
Chapter2 国を富ませるための秘策
Chapter3 本物の人材を生み出すために

1,300円

もしドラッカーが日本の総理ならどうするか？

公開霊言
マネジメントの父による国家再生プラン

大川隆法　著

問題山積みの日本を救う総理の条件とは何か。マネジメントの父・ドラッカーとの奇跡の対話を収録。

Chapter1 日本の政治に企業家的発想を
Chapter2 未来社会の創出へのヒント
Chapter3 今、日本の外交にいちばん必要なこと

1,300円

発行　ＨＳ政経塾
発売　幸福の科学出版株式会社

※表示価格は本体価格（税別）です。